能源转型
创新与实践

马晋龙　孙　勇　主编

中国电力出版社
CHINA ELECTRIC POWER PRESS

内 容 提 要

全球能源转型的目标是进入以可再生能源为主的可持续能源时代。中国已成为全球可再生能源增长的最大贡献者。本书全面介绍了中国电力能源的发展和现状，包括能源和电力的总体发展、能源供应结构及变化、可再生能源的利用、清洁高效燃煤发电的发展；总结分析了中国政府制定的关于可再生能源、多能互补技术和清洁高效燃煤发电技术发展的相关政策及其演变过程，分析了相关主要技术的选择以及应用。同时本书还遴选介绍了中国的相关优秀项目案例；根据亚太经济合作组织地区能源的需求和供应、亚太经济合作组织经济体的能源发展政策，系统分析了中国能源技术，特别是多能互补和清洁高效燃煤发电技术在亚太经济合作组织经济体推广和应用的市场与潜力。

本书可供政府相关部门、能源电力相关行业从业者，以及高等院校相关专业的教师、学生参考使用。

图书在版编目（CIP）数据

能源转型创新与实践/马晋龙，孙勇主编. —北京：中国电力出版社，2021.12
ISBN 978-7-5198-6250-3

Ⅰ. ①能…　Ⅱ. ①马…②孙…　Ⅲ. ①电能–经济发展–研究–中国　Ⅳ. ①F426.61

中国版本图书馆 CIP 数据核字（2021）第 248259 号

出版发行：中国电力出版社
地　　址：北京市东城区北京站西街 19 号（邮政编码 100005）
网　　址：http://www.cepp.sgcc.com.cn
责任编辑：赵　杨（010-63412287）
责任校对：黄　蓓　朱丽芳
装帧设计：张俊霞
责任印制：石　雷

印　　刷：三河市万龙印装有限公司
版　　次：2021 年 12 月第一版
印　　次：2021 年 12 月北京第一次印刷
开　　本：710 毫米×1000 毫米　16 开本
印　　张：11.75
字　　数：191 千字
印　　数：0001—1000 册
定　　价：80.00 元

《能源转型创新与实践》

编委会

主　　编　马晋龙　孙　勇

编写人员　朱　丽　蒋文化　俞珠峰

　　　　　吴晓华　杨方亮　肖玲娟

　　　　　张建赟　许兆峰　于冠一

　　　　　叶学顺　杨　洋

前言

化石能源大量使用带来环境、生态和全球气候变化等领域一系列问题，主动破解困局、加快能源转型发展已成为世界多数国家能源发展的战略选择和行动。2015年，联合国通过《2030 年可持续发展议程》及其 17 项可持续发展目标，其中第 7 项目标是“确保人人获得负担得起的、可靠和可持续的现代能源”。纵观全球，由于需求增长、技术创新、地缘政治变化、环境和气候问题等因素驱动了能源体系近十年来发生了很大转变。许多国家都已开始将其能源系统过渡为以更多可再生能源为基础的更加可持续的能源系统。根据经济发展情况、能源资源和能源基础设施，以及政治和社会环境背景的不同，不同地区和国家采取了不同的能源转型路径。

全球能源转型的目标是进入以可再生能源为主的可持续能源时代。中国为了降低环境污染，保护生态环境，通过调整能源政策，促进了可再生能源产业的发展，有效增加了可再生能源在发电能源中的比例。中国已成为全球可再生能源增长的最大贡献者。大规模可再生能源的利用是中国能源转型的主要标志之一。截至 2020年底，中国全口径发电装机容量 22 亿 kW，其中可再生能源发电总装机容量 9.35亿 kW，约占全球可再生能源发电总装机的 33%。其中水电、风电、光伏发电、生物质发电的装机容量分别达 3.70 亿、2.82 亿、2.53 亿、2952 万 kW，均居世界首位。但是化石能源尤其是煤炭在全球电力供应中依然扮演着重要角色。中国是全球第一大煤炭生产与消费国，中国政府在大力发展可再生能源等清洁能源、开展碳捕捉与封存和资源化利用（carbon capture and storage/ carbon capture, utilization and storage，CCS/CCUS）技术研发与示范的同时，积极推进清洁煤技术开发与应用，多项清洁煤技术发展已走在世界前沿，为中国节能降耗、解决区域污染问题做出了重要贡献。在国家政策的大力支持和科技创新引领下，中国持续提高煤电清洁高效利用水平，已建成全球最大的清洁煤电供应体系。亚太经济合作组织（Asia-Pacific Economic Cooperation，APEC）地区集中了全球约30%的煤炭资源储量和70%的煤炭生产量。煤炭资源的禀赋和良好的可获得性与经济性，决定了煤电在未来相当长一段时间内仍将是世界，尤其是APEC地区经济体的重要基础能源。未来世界煤电供应增长的一半以上将来自APEC地区经济体。燃煤发电技术在APEC地区，特别是在东南亚地区存在一定的技术需求和发展空间。

从发展的过程来看，能源特别是电力是很多国家和地区最主要的温室气体排放源之一。正确有效的发展战略和相关的政策与发展规划对能源系统的发展极为重要。为此，本书系统介绍了中国能源电力的发展趋势和现状，包括能源和电力的总体发展、能源供电结构及变化、可再生能源的利用、清洁高效燃煤发电的发展；总结分析了相关主要技术的开发选择以及应用；遴选介绍了中国的相关优秀项目案例，其中包括多能互补集中发电、清洁高效燃煤发电和分布式能源的利用。根据APEC地区能源的需求和供应、APEC经济体的能源发展政策，分析了中国能源技术，特别是多能互补和清洁高效燃煤发电技术与经验在APEC经济体推广和应用的市场与潜力。

本书由天津大学APEC可持续能源中心（APSEC）牵头组织编写并负责统稿，本书在编写过程中得到了国家能源局的大力支持，国家能源技术经济研究院、中国煤炭加工利用协会、清华大学等单位的专家也参与了相关内容的研究工作。在案例资料收集和遴选过程中还得到了电力规划设计总院、水电水利规划设计总院、国家电网有限公司北方客服中心、国网新源张家口风光储示范电站有限公司、协鑫智慧能源股份有限公司、中国电建西北勘测设计研究院等单位的大力协助。

限于作者水平和经验有限，书中难免存在疏漏和不足之处，恳请广大专家和读者批评指正。

编　者

2021年6月

目录

第 1 章

概　述

能源系统是一个多样动态的系统，是一个随着时间和背景变化多端的复杂系统。当今所指的能源转型并没有统一的定义。世界能源理事会（World Energy Council，WEC）将能源转型定义为“能源系统中能源结构的根本性转变，如可再生能源比重的上升、能源效率的提高以及化石能源的逐步淘汰”。国际上，一次能源供应侧的能源转型一般被理解为减少直至最终淘汰煤炭、石油等化石燃料，即能源系统的去碳化，并逐步和大力发展包括可再生能源在内的清洁能源。

1.1 能源转型的背景

当前气候变化影响明显加剧，国际社会对气候变化问题关注的不断增加。20世纪70年代两次石油危机以及相继在美国、苏联及日本发生的核事故，是当前能源转型的主要动因。德国是世界上最早使用“能源转型”的概念并将其纳入其国家能源发展政策中的国家。德语“Energiewende”一词，字面意思就是“能量转换”，最早出现于德国生态研究所（Öko-Institut）在1980年出版物的标题中，呼吁“减少温室气体排放并完全放弃核能和石油等化石能源的使用”。

德国率先在2000年颁布了《可再生能源法》，确立了可再生能源发展目标。德国政府于2010年9月公布了能源转型的主要政策文件，提出向低碳无核经济转型的计划，同时向可靠且价格合理的能源供应系统转变。德国的能源转型是一项长期的能源和气候变化战略，旨在建立一个以发展可再生能源和提高能源效率为基础的低碳能源系统，实现德国国内和整个欧洲范围内技术合作和社会经济的变革。总体来讲，德国的能源转型是一个综合政策框架，涵盖能源和经济的所有部门。能源转型主要基于四个目标，包括应对气候变化、避免核风险、改善能源安全以及保障经济竞争力和增长。它具体包括降低二氧化碳排放、发展可再生能源、到2022年逐步淘汰核能以及提高能源效率的目标和政策措施。

在技术层面，能源转型需要能源政策的变化，其中包括从供应到需求侧能源政策的重新定位以及在技术上的重新选择，包括从集中式发电转向分布式发电，在用户端实施节能措施提高能源利用效率。2018年，德国建立了“增长、结构变化和就业委员会”（也称煤炭委员会）；2019年1月该委员会提出到2038年逐步淘汰燃煤发电的全面路线图。德国联邦政府已宣布计划实施该委员会提出的建议。

能源转型的理念包括能源生产和消费方式的深刻变革，在欧洲已被广泛接受，即为了应对气候变化的挑战，当今社会必须在减少终端能源消耗的同时在一次能源结构中用可再生能源替代化石燃料，并且解决与能源系统中高比例可再生能源相关的技术和监管问题。许多国家都先后将能源转型提上日程。2007 年，英国政府发布《迎接能源挑战》（*Meet Energy Challenges*）能源白皮书，强调在保证稳定、清洁、经济能源供应的条件下，调整能源结构，加大碳减排力度。在德国、法国、丹麦等国的联合倡议和推动下，欧盟成为全球发展可再生能源最早、力度最大、成就最突出的经济体。2007 年，欧盟通过了《2020 气候和能源一揽子计划》，计划至 2020 年欧盟可再生能源消费占其总能源消费的 20%。可再生能源份额在欧盟能源系统中比例的提高，抵消了拆除化石燃料发电站的成本，同时也使 2017 年能源供应的能力普遍增加。2014 年，欧盟颁布的《2030 气候能源政策框架》，计划至 2030 年欧盟的可再生能源消费比重增至 27%。

在能源转型的背景下，一些国家也相继出台了一系列激励政策加快可再生能源发展。美国在 2015 年提出到 2030 年本国电力供应的 20%要来自除水力发电外的可再生能源的目标。美国能源环境政策虽然与政府执政党的政策紧密相关，但其离开“巴黎协定”预计不会对美国能源变化趋势产生重大影响。因为美国能源主要是由州政府、社区和企业由下而上推动的。另外消费者的选择有很大的作用，而且选择的范围和方式越来越多。在美国，能源技术的转型包括分布式能源供应得到越来越多的应用。有关的技术和解决方案又为用户提供了更大的选择空间性和独立性。美国能源领域的另一个显著变化是自 2011 年以来由于页岩气的开采，使美国成为世界上最大的天然气生产国，美国的天然气价格也成为世界上最低的。

如前所述，能源转型总体上讲是能源系统从以化石能源为基础转变为低碳或零碳的过程。其核心是减少与能源有关的二氧化碳为主的温室气体的排放，以减缓气候变化对全球的影响，同时控制和改善局部的环境污染。概括起来能源转型主要包括如下几个方面：

（1）一次清洁能源资源的选择和相应能源技术的开发和利用。

（2）能源系统转换效率和传输系统灵活性及可靠性的提高。

（3）需求侧的电气化以及需求侧能源管理和能源利用效率的提高。

（4）数字信息技术和智能技术在能源系统产业链的全方位利用。

（5）有效能源政策和监管制度的制定和实施，能源市场的建立和相关市场工具的利用。

大规模能源系统转型不是一个单一的简单问题，而是一个复杂动态、多维和非线性的变革过程，能源的供应侧和需求侧都需要采取进一步的行动减少碳排放。推动成功的能源转型需要能源系统内外不同的利益相关方积极有效地参与协调和行动。环境和气候变化都是公共资源，积极有效率的政策会引导技术的选择，引领能源转型。当前能源系统的脱碳过程需要全球范围内的积极共同行动。当今社会的数字化和信息化革命为实现能源转型带来了新的机遇和挑战。

纵观全球，由于需求增长、技术创新、地缘政治变化、环境和气候问题等因素驱动了能源体系近十年来发生了很大转变。许多国家都已经开始将其能源系统过渡到以更多可再生能源为基础的更加可持续的能源系统。根据经济发展情况、能源资源和能源基础设施，以及政治和社会环境背景的不同，不同地区和国家采取了不同的能源转型路径。

1.2　中国能源转型发展概况

改革开放 40 多年来，中国的能源供给能力实现跨越式发展。截至 2020 年底，中国累计发电装机容量 22 亿 kW，可再生能源发电总装机容量 9.35 亿 kW，约占全球可再生能源发电总装机的 33%。其中水电、风电、光伏发电、生物质发电装机容量分别达 3.70 亿、2.82 亿、2.53 亿、2592 万 kW，均居世界首位。2010 年以来中国在新能源发电领域累计投资约 8180 亿美元，占同期全球新能源发电建设投资的 30%。为了降低环境污染，保护生态环境，中国通过调整能源政策，促进了可再生能源产业的发展，有效增加了可再生能源在发电中的比例。中国已成为全球可再生能源增长的最大贡献者。快速大规模可再生能源的利用是中国能源转型的主要标志之一。

中国有着丰富的煤炭资源，是传统的产煤、用煤大国，在未来一段时间内，煤炭还会在中国电力供应中扮演重要角色。经过多年的不断创新实践，中国在发展大锅炉、超超临界煤电、大参数循环流化床发电、热电联产、燃煤超低排放发电等方面取得了显著的成绩。“十三五”期间，中国火电机组结构持续优化，超临界、超超临界机组比例明显提高。2018 年，单机 30 万 kW 及以上、60 万 kW 及以上机组比重分别提高到 80.1%、44.8%，热电联产机组占比从 2015 年的 41.5%提高到 2019 年的 46.7%；全国平均供电标准煤耗和火电厂单位发电量耗水量均持续降低，2019 年，全国 6000kW 及以上火电厂供电标准煤耗为 306.4g/kWh，全国火电厂单位发电量耗水量为 1.21kg/kWh；“十三五”以来，中国 8.9 亿 kW 煤电机组达到超低排放，中国已建成世界最大规模的超低排放清洁煤电供应体系；截至 2019 年底，86%的煤电机组实现了超低排放。中国在发展清洁高效煤电方面已走在世界前列，清洁高效煤电技术的研究开发与应用和推广也是中国特色能源转型的标志之一。

第2章

中国能源的发展和现状

2.1 能源和电力发展

改革开放政策的有效实施使中国经济社会进入高速发展的时期。中国的国内生产总值（gross domestic product，GDP）从 1978 年的 3679 亿元人民币增至 2019 年的 99.09 万亿元人民币，增长了 269 多倍。中国占世界经济 GDP 的比重从 1978 年的 1.8%提升至 2019 年的 16%。自 2010 年起，中国成为世界第二大经济体，能源作为国民经济发展的动力和重要的基础产业，为中国 40 多年来经济增长和社会进步、人民生活水平的提高提供了强有力的保障和动力。2000 年以来，中国 GDP 与 GDP 增速以及能源发展情况如图 2－1 和图 2－2 所示。

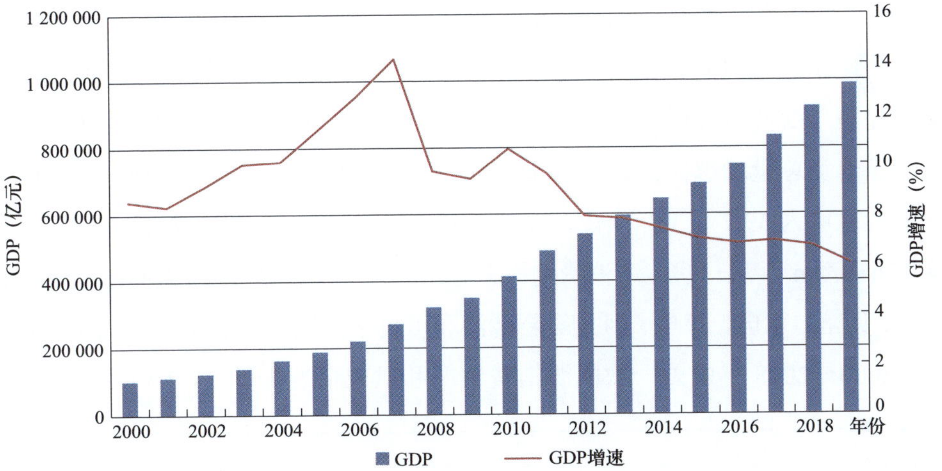

图 2－1　中国 GDP 与 GDP 增速情况（2000～2019 年）

（数据来源：国家统计局）

经过 40 多年的发展，中国能源产业生产能力大幅提升，形成了煤、油、气和可再生能源多种能源驱动的能源供应体系，基础保障作用显著增强，已成为世界能源生产第一大国。到 2017 年，中国原煤产量 35.2 亿 t，比 1980 年增长 4.7 倍，年均增长 4.8%；原油产量 1.9 亿 t，增长 0.8 倍，年均增长 1.6%；天然气产量 1480 亿 m^3，增长 9.4 倍，年均增长 6.5%；一次电力产量 1.8 万亿 kWh，增长 30.5 倍，年均增长 9.8%。1978 年，中国一次能源生产总量为 6.3 亿 t 标准煤，2019 年则达到 39.7 亿 t 标准煤，比 1978 年增长 5.3 倍。

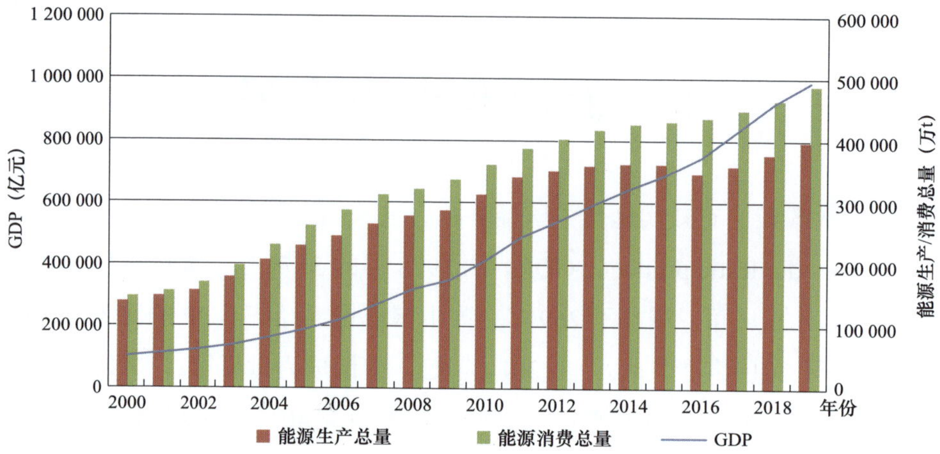

图 2-2　中国 GDP 与能源发展情况（2000～2019 年）

（数据来源：国家统计局）

1978～2019 年，中国一次能源消费总量持续上升，年均增长 5.4%。近年来连续多年位居世界前列。2014 年后，随着中国推动产业结构的调整、节能政策的实施、能源效率的提高，以及经济增速相对放缓，能源消费增长速度开始回落。2017 年以后，中国能源消费总量增速回升，除原油外各种能源实际消费均有增速回升。2019 年能源消费总量为 39.7 亿 t 标准煤，原煤产量 38.46 亿 t、原油产量 1.9 亿 t、天然气产量 1761 亿 m^3。从一次能源消费结构上看，煤炭能源消费总量增速在 2012 年后开始放缓、回落；水电、核电、风电等新能源和可再生能源供应和消费量均呈快速上升态势。2000～2018 年中国一次能源消费情况和供应情况如图 2-3 和图 2-4 所示。

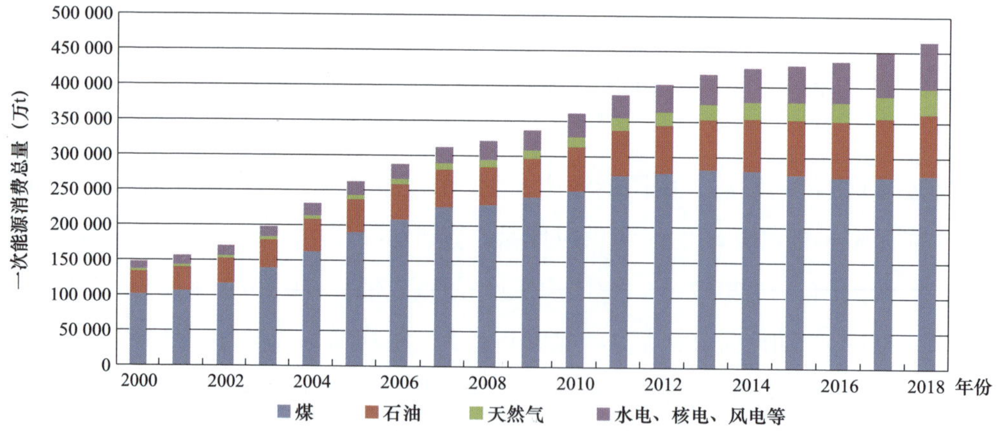

图 2-3　中国一次能源消费情况（2000～2018 年）

（数据来源：国家统计局）

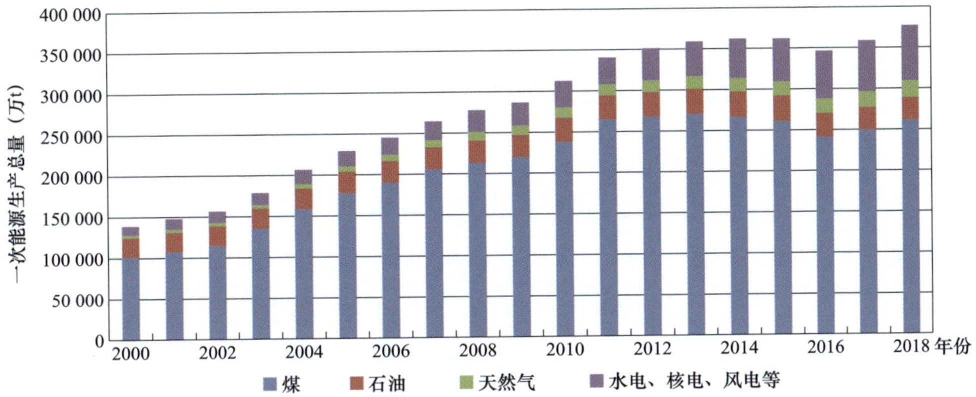

图 2-4　中国一次能源供应情况（2000～2018 年）

（数据来源：国家统计局）

改革开放 40 多年来，中国的电力能源供给能力实现跨越式发展。1978 年底，中国的电力装机容量为 5712 万 kW，发电量为 2565.5 亿 kWh，人均装机容量和人均发电量还不足 0.06kW 和 270kWh。到 1987 年，历时 9 年时间中国发电装机容量超过 1 亿 kW。1995 年，装机容量达到 2.17 亿 kW。1996 年，装机容量达到 2.4 亿 kW，发电装机容量和发电量跃居世界第二位，仅次于美国。2011 年，中国发电装机容量与发电量超过美国，成为世界第一电力大国。2015 年，中国装机容量达到 15.25 亿 kW，人均发电装机容量历史性突破 1kW。2019 年底，中国电力装机容量达到 20.1 亿 kW，发电量 7.5 万亿 kWh，人均发电装机容量 1.43kW，分别是 1978 年的 35、29、24 倍。1978～2019 年中国的电力装机情况如图 2-5 所示。

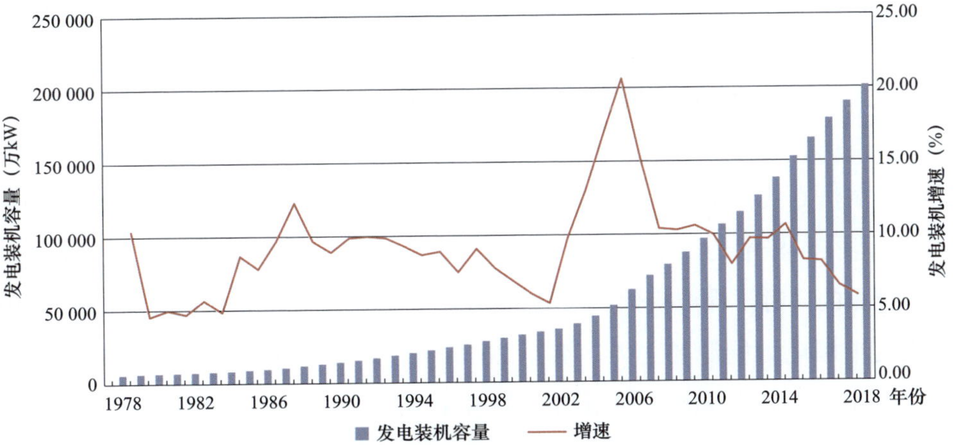

图 2-5　中国电力装机发展情况（1978～2019 年）

（数据来源：中国电力企业联合会）

2.2 能源供应结构及变化

改革开放初期，中国只有为数不多的20万kW火电机组，30万kW火电机组尚需进口，发电装机规模小，只有火电和水电机组。随着中国国民经济的发展，电力产业发展速度也开始加快。2000年以来，中国的电力能源发展进入快速阶段，火电、水电、核电和可再生能源装机规模不断扩大。与此同时，能源供应结构也发生了很大变化。截至2019年底，火电装机规模达到11.91亿kW，核电装机容量达4874万kW，水电、风电、太阳能等可再生能源发电装机达7.95亿kW，其中水电、风电和光伏装机均居世界首位。1978年以来中国的火电、水电以及核电、风电、太阳能发电发展情况如图2－6和图2－7所示。

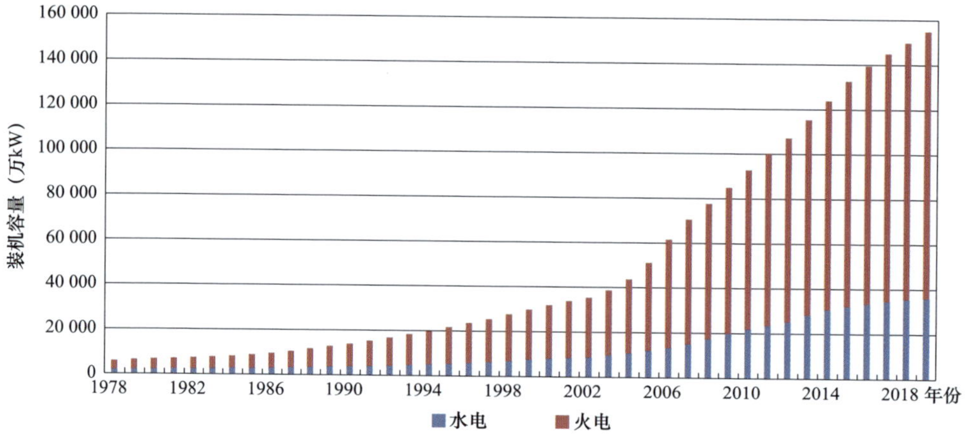

图2－6 中国火电、水电发展情况（1978～2019年）

（数据来源：中国电力企业联合会）

（1）清洁高效大型煤电机组成为主力。近年来，中国在大力推动电力能源建设的同时，也在积极推动煤电节能升级改造、加快淘汰行业落后产能，在煤电装机规模不断扩大的同时，煤电机组构成也在不断优化。目前，高参数、大容量发电机组已成为中国电力能源的主力。截至2017年底，30万kW及以上火电机组占火电装机的比例上升至80%。中国不同火电机组占比（1995～2017年）如图2－8所示。

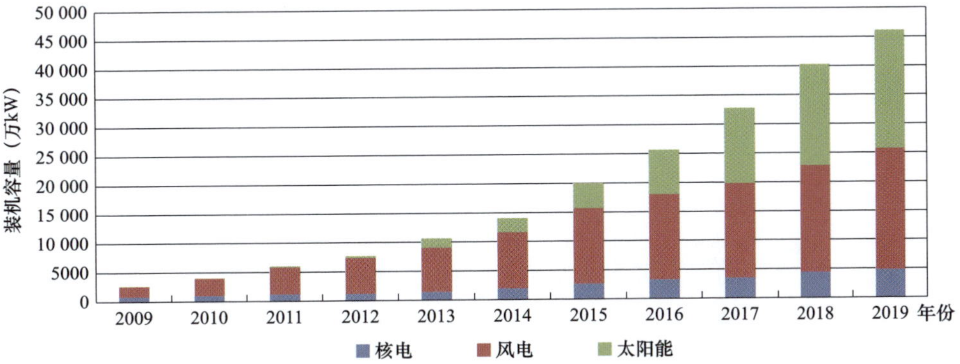

图 2–7　中国核电、风电、太阳能发电发展情况（2009~2019 年）

（数据来源：中国电力企业联合会）

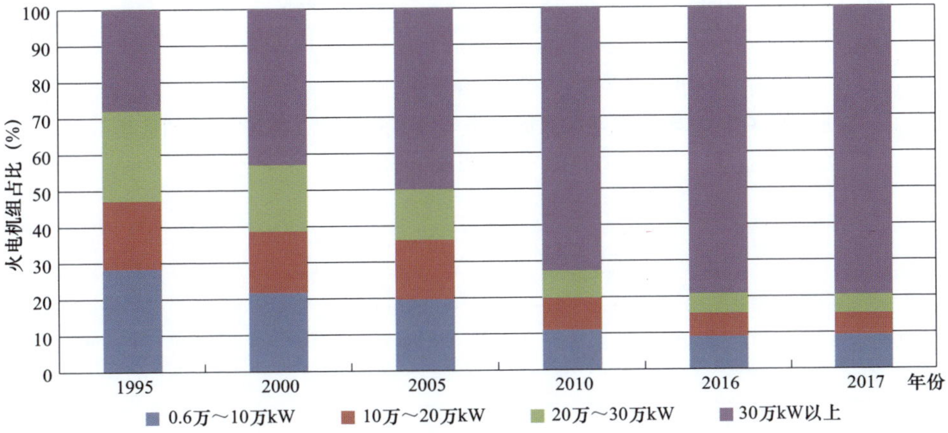

图 2–8　中国不同火电机组占比（1995~2017 年）

（数据来源：中国电力企业联合会）

（2）水电、风电、太阳能等清洁能源比重不断提升。中国在大力推进电力能源建设的同时，越来越重视开发利用新能源和可再生能源，新能源、可再生能源规模不断发展壮大。截至 2019 年底，中国可再生能源发电装机容量 79 488 万 kW，其中水电装机容量 35 640 万 kW（含抽水蓄能 3029 万 kW）、风电装机容量 21 005 万 kW、太阳能发电装机容量 20 474 万 kW（光伏发电 20 430 万 kW、光热发电 44 万 kW）、生物质发电装机容量 2369 万 kW。2019 年，中国可再生能源年发电量 20 430

亿 kWh，其中水电发电量 13 019 亿 kWh、风电发电量 4057 亿 kWh、光伏发电量 2243 亿 kWh、生物质发电量 1111 亿 kWh。水电、风电和太阳能等可再生能源装机占比从 2000 年的 24.6%上升至 2019 年的 39.5%。中国水电、风电和太阳能发电等装机占比、非化石能源消费结构和风电、太阳能发电量情况分别如图 2－9～图 2－11 所示。

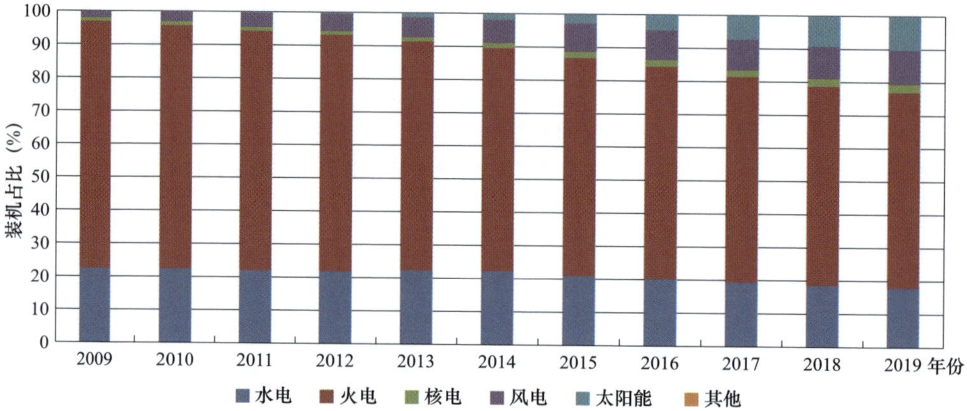

图 2－9　中国水电、风电和太阳能发电等装机占比（2009～2019 年）

（数据来源：中国电力企业联合会）

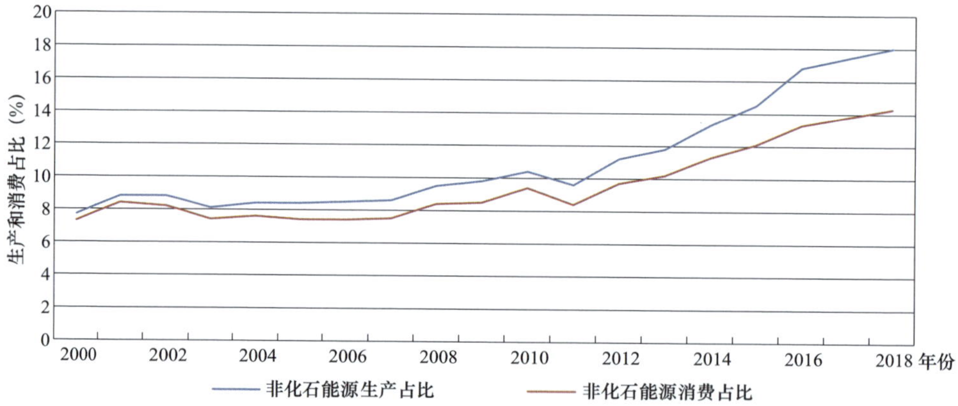

图 2－10　中国的非化石能源消费结构（2009～2018 年）

（数据来源：国家统计局）

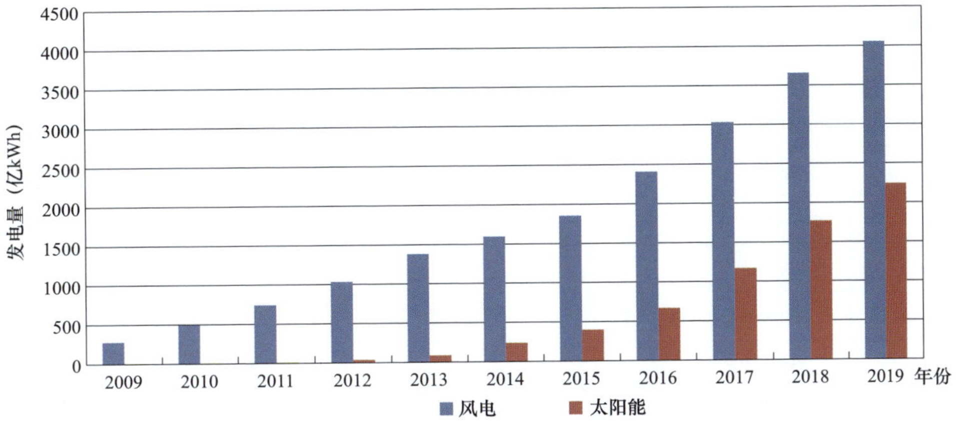

图 2-11　中国风电、太阳能发电量情况（2011～2019 年）
（数据来源：中国电力企业联合会）

2.3　可再生能源利用

近年来，中国的可再生能源发电发展迅速。2008～2019 年中国可再生能源电力装机发展统计如表 2-1 所示，在这个期间可再生能源装机总量由 1.74 亿 kW 增长至 7.95 亿 kW，增长了 3.6 倍。其中：

（1）水电装机容量由 1.72 亿 kW 增至 3.56 亿 kW，增长了 1 倍。

（2）抽水蓄能装机容量由 1020 万 kW 增长至 3029 万 kW，增长了 2 倍。

（3）生物质能装机容量由 327 万 kW 增长至 2369 万 kW，增长了 6 倍。

（4）风电装机容量由 839 万 kW 增长至 2.1 亿 kW，增长了 24 倍。

（5）太阳能发电发展最为迅猛，装机容量由 25 万 kW 增长至 2.0 亿 kW，增长 819 倍。

表 2-1　中国可再生能源电力装机发展统计（2008～2019 年）　万 kW

年份	水电		太阳能	风电	生物质能	可再生能源装机总量
	总计	抽水蓄能				
2008	17 260	1020	25	839	327	17 434
2009	19 629	1370	41	1760	460	20 523

续表

年份	水电		太阳能	风电	生物质能	可再生能源装机总量
	总计	抽水蓄能				
2010	21 606	1693	102	2963	345	23 326
2011	23 298	1838	311	4635	381	26 790
2012	24 947	2033	672	6160	462	30 210
2013	28 044	2153	1776	7673	609	35 952
2014	30 486	2211	2840	9682	665	41 465
2015	31 953	2303	4355	13 105	798	47 910
2016	33 207	2669	7781	14 852	927	54 101
2017	34 377	2939	13 082	16 437	1123	62 085
2018	35 226	2999	17 524	18 466	1324	69 544
2019	35 640	3029	20 474	21 005	2369	79 488

注　2008～2018 年数据引自 IRENA 发布的 *Renewable Capacity Statistics 2020*；2019 年数据引自水电水利规划设计总院发布的《中国可再生能源发展报告 2019》。

2.3.1　水力发电

中国水力资源技术可开发量为 6.87 亿 kW，居世界首位。中国的水力发电技术起步较早，1905 年 7 月中国第一座水电站台湾龟山水电站建，装机 500kW；1999 年底，水电装机容量达 7297 万 kW，仅次于美国，居世界第二位；2005 年，水电总装机容量已达 1.15 亿 kW，居世界第一位。截至 2019 年底，已建常规水电装机容量 32 611 万 kW，在建装机容量约 5400 万 kW。2019 年，水力发电量 13 019 亿 kWh，占全部电源总发电量的 17.8%。目前，规划确定的大型流域水电基地大部分已开发完成或进入收尾阶段，常规水力资源开发过半，剩余技术可开发资源 3 亿 kW 左右，但考虑多方面制约因素，可开发规模约 1.1 亿～1.2 亿 kW，大部分集中在西藏。常规水电是电力系统重要的基础性电源，不仅提供清洁电能，而且也是重要的容量支撑，并且随着能源结构转型，未来常规水电在容量支撑方面的功能定位还将进一步提升和加强。同时，以流域梯级水电为依托的水风光一体化发展有望成为推动能源转型发展的重要路径之一。截至 2019 年底，全国已有 25 个省（自治区、直辖市）开展过系统性的抽水蓄能电站选点规划工作，部分省份开展了多轮选点规划或选点规划调整工作，根据相关规划成果，已确定的抽水蓄能规划站点总装机规模约 1.2 亿 kW，目前已建装机规模 3029 万 kW，在建规模 5063 万 kW。抽水蓄能电站在保障电力系统安全、提供灵活调节容量、支撑新能源消纳等方面发挥着重要作用，未来抽水蓄能发展需求仍将持续增长，电站功能定位呈多样化发展。中国已成为名副其实的水电大国，水电技术整体跻身世界前列。2010～2019 年中国的水电装机情况如图 2－12 所示。

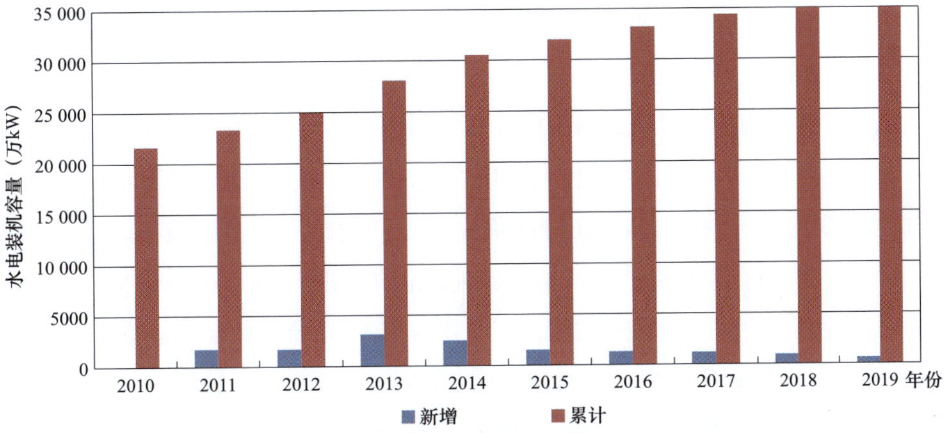

图 2－12　中国水电装机（含抽水蓄能）情况（2010～2019 年）

（来源：中国电力企业联合会）

在坝工技术方面，中国坝工建设水平和规模均居世界第一。中国是拥有水坝数量最多的国家。截至 2017 年底，中国已建成各类水坝 98 478 座。中国在规划、勘察、设计和研究中的项目包括 200、300m 级高坝。全世界已建和在建 200m 及以上的高坝 96 座，中国占 34 座；250m 以上高坝 20 座，中国占 7 座。已建的锦屏一级双曲拱坝（305m）、在建的双江口心墙堆石坝（314m），位列同类坝之冠。坝工技术取得多项重大突破。中国建成了一批高水平大坝工程，投产了三峡、龙滩、锦屏一级、溪洛渡、小湾等混凝土坝和糯扎渡、水布垭、瀑布沟等当地材料坝。成功解决了“高水头、大流量、窄河谷”的泄洪消能关键技术问题，尤其是锦屏一级拱坝开创了高坝无碰撞消能的先例。

2.3.2 风力发电

中国风能资源丰富，全国陆上 50m 高度层年平均风功率密度不小于 300W/m^2 的风能资源理论储量约 73 亿 kW。中国的风能资源主要集中在两个带状地区，一条是“三北（东北、华北、西北）”地区丰富带。一条是东部沿海风带，主要位于沿海几十千米的大陆海岸和海道，其风能资源比“三北”风带还好。根据中国气象局风能太阳能资源中心的预测，中国陆上 50、70、100m 高度层年平均风功率密度不小于 300W/m^2 的风能资源技术开发量分别为 20 亿、26 亿、34 亿 kW。

中国风电累计装机容量已连续 11 年位居世界第一。2020 年全国风电新增并网装机容量 7167 万 kW，累计并网装机容量 28 153 万 kW；年发电量为 4665 亿 kWh，占全部电源总发电量的 6.1%。在持续优化风电开发布局、多渠道拓展新能源电力本地消纳、跨省跨区输电通道建设扩大新能源消纳范围、电力市场化交易扩大新能源电力消纳空间等因素影响下，2019 年全国弃风电量 169 亿 kWh，弃风率下降至 4%；全国风电平均利用小时数 2082h，较 2018 年减少 13h。2019 年风电产业装备研发和制造技术快速提升，工程施工和勘测设计技术不断进步，海上风电技术快速发展以及智慧风电机组等新型智能化技术应用不断涌现，技术进步推动风电上网电价持续下降，竞争性配置有序推进。

中国海上风电已经进入规模化发展阶段，2020 年海上风电新增并网装机容量 306 万 kW，累计并网装机容量达到 899 万 kW，呈现良好发展势头；海上风电项目竞争性配置、产业多元化发展有效推进。同时政府积极鼓励风电向分散式方向发展，2017 年国家能源局发布了《关于加快推进分散式接入风电项目建设有关要求的通知》（国能发新能〔2017〕3 号），以“本地平衡、就近消纳”为原则不断推进分散式风电的发展；2019 年分散式风电新增核准 1120 万 kW，新增并网容量 73 万 kW。2011～2019 年中国陆上风电装机和海上风电的装机情况如图 2－13 和图 2－14 所示。

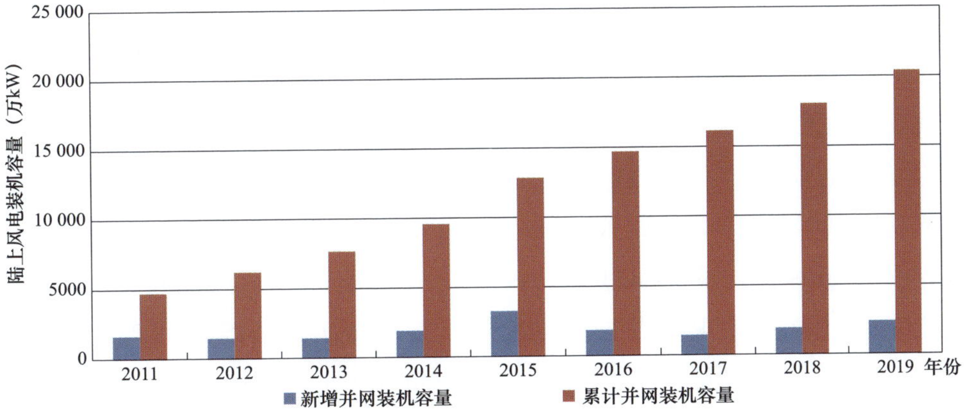

图 2－13　中国陆上风电并网装机情况（2011～2019 年）

（来源：《中国可再生能源发展报告 2019》）

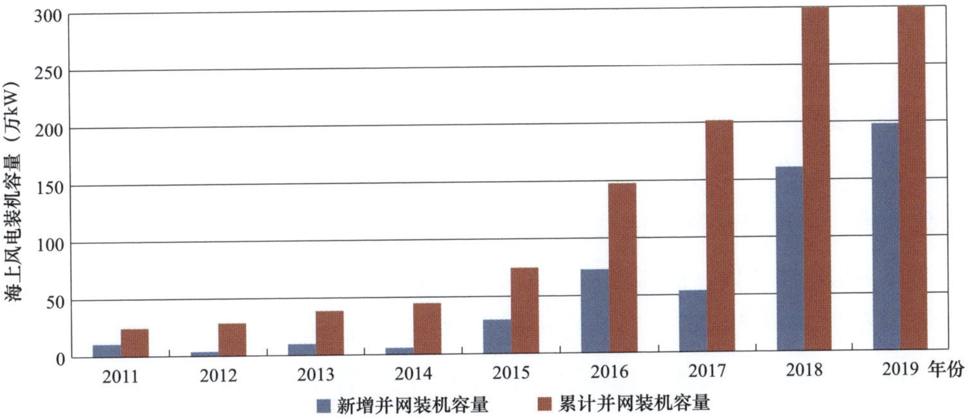

图 2－14　中国海上风电并网装机情况（2011～2019 年）

（来源：《中国可再生能源发展报告 2019》）

2.3.3　太阳能发电

中国有着丰富的太阳能资源，陆地表面每年接收的太阳辐射能约为 50×10^{15}MJ。中国气象局风能太阳能资源中心发布的 2017 年《中国风能太阳能资源年景公报》数据表明，2017 年全国陆地表面年平均水平面总辐射为 1488.5kWh/m^2，总体呈现高原少雨干燥地区资源丰富，平原多雨高湿地区资源偏少的特点。

自 2013 年起，中国新增光伏发电装机连续 8 年超过 1000 万 kW，居全世界第一。2019年，中国光伏发电累计装机已达2.04亿kW，连续5年居世界首位；2019年，光伏年发电量2243亿kWh，占全部电源总发电量的3.1%。得益于项目布局持续优化、集中式与分布式发展并举，以及电力市场化交易提升新能源消纳等因素，2019年弃光电量减少至46亿kWh，平均弃光率下降至2%，同比下降1个百分点，全国光伏发电年平均利用小时数1169h。2019年，光伏发电新增总投资规模约1320亿元，投资规模同比下降约45%。2019年，全国光伏产业在多晶硅、硅片、电池片、光伏组件等环节实现平稳快速发展，光伏发电能力和项目运维管理水平明显提升；光热发电国产设备技术逐步提升。技术进步推动光伏发电成本快速下降，光伏发电将成为未来中国上网电价最低、规模最大的可再生能源。

2013年颁布的《分布式光伏发电项目管理暂行办法》（国能新能〔2013〕433号）使分布式光伏发电项目免除了规划选址、土地预审、水土保持、环境影响评价、节能评估及社会风险评估等前置条件，个人投资分布式光伏发电系统则采取更为简便的登记方式管理，并优先获得国家补贴。2016年12月《能源发展“十三五”规划》中就提出：优化太阳能开发布局，优先发展分布式光伏发电，扩大“光伏+”多元化利用，促进光伏规模化发展。

2018年10月9日，国家发展改革委、财政部、国家能源局联合发布了《关于2018年光伏发电有关事项说明的通知》，对5月31日印发的《关于2018年光伏发电有关事项的通知》（发改能源〔2018〕823号）（简称《通知》）实施中的有关事项做了进一步说明。通知明确，2018年5月31日（含）之前已备案、开工建设，且在2018年6月30日（含）之前并网投运的合法合规的户用自然人分布式光伏发电项目，纳入国家认可规模管理范围，标杆上网电价和度电补贴标准保持不变。对于已开工未并网的户用自然人分布式光伏项目，考虑到户用光伏从申请并网到实际并网一般需2～3周，明确给予户用光伏一个月的缓冲期，最大限度将《通知》发布前已开工的户用自然人分布式光伏项目纳入国家认可的规模范围之内。该通知的发布，意味着分布式光伏将快速增长，并不断地向着高质量发展的方向迈进。

2019年1月，国家发展改革委和国家能源局发布《关于积极推进风电、光伏发电无补贴平价上网有关工作的通知》（发改能源〔2019〕19号），提出开展平价上网项目和低价上网试点项目建设，优化平价上网项目和低价上网项目投资环境，鼓励平价上网项目和低价上网项目通过绿证交易获得合理收益补偿；该通知的发布标志着光伏无补贴平价上网时代来临。

2013～2019 年中国集中式光伏装机和分布式光伏装机情况分别如图 2－15 和图 2－16 所示。

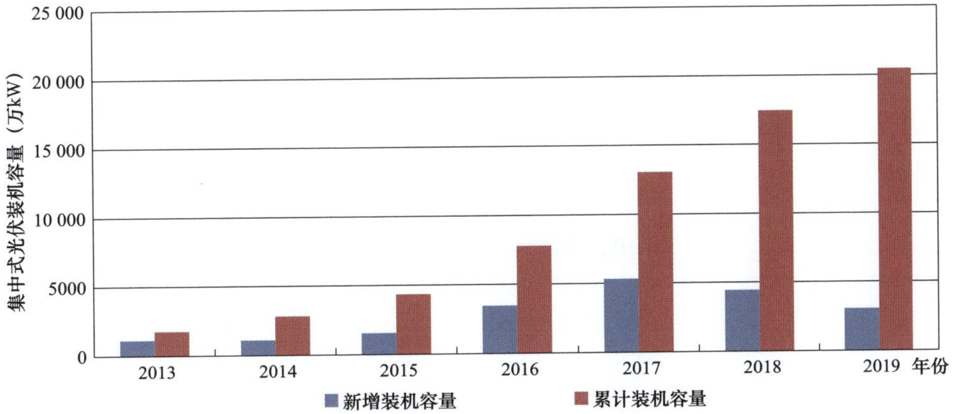

图 2－15　中国集中式光伏装机情况（2013～2019 年）

（来源：《中国可再生能源发展报告 2019》）

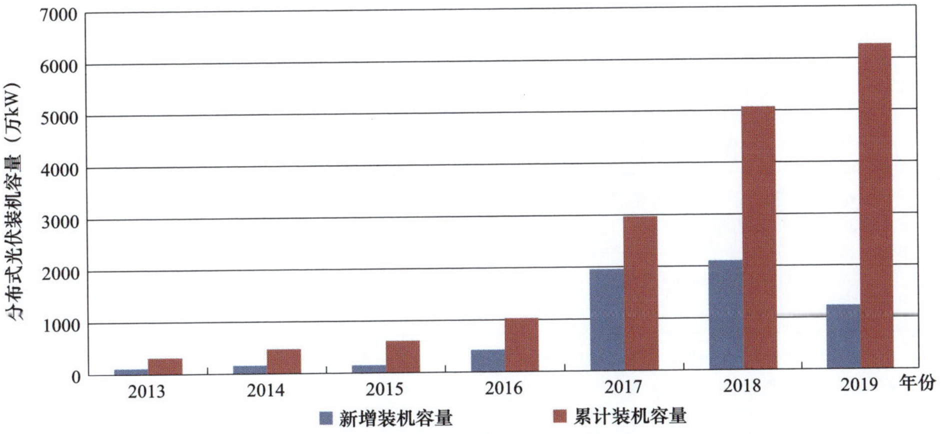

图 2－16　中国分布式光伏装机情况（2013～2019 年）

（来源：《2020 中国新能源发电分析报告》）

太阳能热发电近些年在中国开始起步。2016 年 9 月，国家能源局发布《关于建设太阳能热发电示范项目的通知》（国能新能〔2016〕223 号），确定第一批太阳能热发电示范项目共 20 个，总计装机容量 134.9 万 kW，中国太阳能热发电示范项目名单见表 2-2。其中，塔式光热发电项目 9 个、槽式光热发电项目 7 个、线性菲涅尔式光热发电项目 4 个。太阳能热发电制造产业链也初步形成，中控德令哈 10MW 和首航节能敦煌 10MW 两个塔式熔盐项目投入商业化运行。2019 年全国太阳能热发电新增装机容量 25 万 kW，分别是鲁能海西格尔木 50MW 塔式光热电站、中电建青海共和 50MW 塔式光热电站、中电工程哈密 50MW 塔式光热电站、兰州大成敦煌 50MW 菲涅尔光热电站和金帆能源阿克塞 50MW 熔盐槽式光热发电项目，太阳能光热累计装机容量 42 万 kW，全部集中在青海、甘肃和新疆。

表 2-2　中国太阳能热发电示范项目名单

序号	项目名称	技术路线	系统转换效率（企业承诺）(%)
塔式			
1	青海中控太阳能发电有限公司德令哈熔盐塔式 5 万 kW 光热发电项目	熔盐塔式，6h 熔融盐储热	18
2	北京首航艾启威节能技术股份有限公司敦煌熔盐塔式 10 万 kW 光热发电示范项目	熔盐塔式，11h 熔融盐储热	16.01
3	中国电建西北勘测设计研究院有限公司共和熔盐塔式 5 万 kW 光热发电项目	熔盐塔式，6h 熔融盐储热	15.54
4	中国电力工程顾问集团西北电力设计院有限公司哈密熔盐塔式 5 万 kW 光热发电项目	熔盐塔式，8h 熔融盐储热	15.5
5	国电投黄河上游水电开发有限责任公司德令哈水工质塔式 13.5 万 kW 光热发电项目	水工质塔式，3.7h 熔融盐储热	15
6	中国三峡新能源有限公司金塔熔盐塔式 10 万 kW 光热发电项目	熔盐塔式，8h 熔融盐储热	15.82
7	达华工程管理（集团）有限公司尚义水工质塔式 5 万 kW 光热发电项目	水工质塔式，4h 熔融盐储热	17
8	玉门鑫能光热第一电力有限公司熔盐塔式 5 万 kW 光热发电项目	熔盐塔式，熔盐二次反射 6h	18.5
9	北京国华电力有限责任公司玉门熔盐塔式 10 万 kW 光热发电项目	熔盐塔式，10h 熔融盐储热	16.5
槽式			
1	常州龙腾太阳能热电设备有限公司玉门东镇导热油槽式 5 万 kW 光热发电项目	导热油槽式，7h 熔融盐储热	24.6

续表

序号	项目名称	技术路线	系统转换效率（企业承诺）(%)
2	深圳市金钒能源科技有限公司阿克塞 5 万 kW 熔盐槽式光热发电项目	熔盐槽式，15h 熔融盐储热	21
3	中海阳能源集团股份有限公司玉门东镇导热油槽式 5 万 kW 光热发电项目	导热油槽式，7h 熔融盐储热	24.6
4	内蒙古中核龙腾新能源有限公司乌拉特中旗导热油槽式 10 万 kW 光热发电项目	导热油槽式，4h 熔融盐储热	26.76
5	中广核太阳能德令哈有限公司导热油槽式 5 万 kW 光热发电项目	导热油槽式，9h 熔融盐储热	14.03
6	中节能甘肃武威太阳能发电有限公司古浪导热油槽式 10 万 kW 光热发电项目	导热油槽式，7h 熔融盐储热	14
7	中阳张家口察北能源有限公司熔盐槽式 6.4 万 kW 光热发电项目	熔盐槽式，16h 熔融盐储热	21.5
线性菲涅尔式			
1	兰州大成科技股份有限公司敦煌熔盐线性菲涅尔式 5 万 kW 光热发电示范项目	熔盐线性菲涅尔式，13h 熔融盐储热	16.7
2	北方联合电力有限责任公司乌拉特旗导热油菲涅尔式 5 万 kW 光热发电项目	导热油菲涅尔式，6h 熔融盐储热	18.5
3	中信张北新能源开发有限公司水工质类菲涅尔式 5 万 kW 光热发电项目	水工质类菲涅尔式，14h 全固态配方混凝土储热	10.5
4	张北华强兆阳能源有限公司张家口水工质类菲涅尔式 5 万 kW 太阳能热发电项目	水工质类菲涅尔式，14h 全固态配方混凝土储热	11.9

注　数据来源于《国家能源局关于建设太阳能热发电示范项目的通知》（国能新能〔2016〕223 号）。

2.4　清洁高效燃煤发电

2.4.1　清洁高效燃煤发电快速推进

清洁高效燃煤发电在中国的快速推进体现在先进煤电机组规模不断扩大、清洁高效煤电技术研发和应用，以及煤电机组能耗和污染物控制水平的不断提升。

（1）先进煤电机组规模不断扩大。中国燃煤发电装机结构持续优化，先进煤电机组规模不断扩大。截至 2019 年，中国煤电总装机为 10.4 亿 kW，位居世界第一。近年来投产的煤电机组基本上是大容量、高参数、高效率、高节水、超低排放的先进机组。中国大机组占火电装机比重（2010～2017 年）如图 2－17 所示，2017 年 30 万、60 万 kW 等级机组和 100 万 kW 等级分别占火电总装机容量的 34.7%、34.5% 和 10.2%。

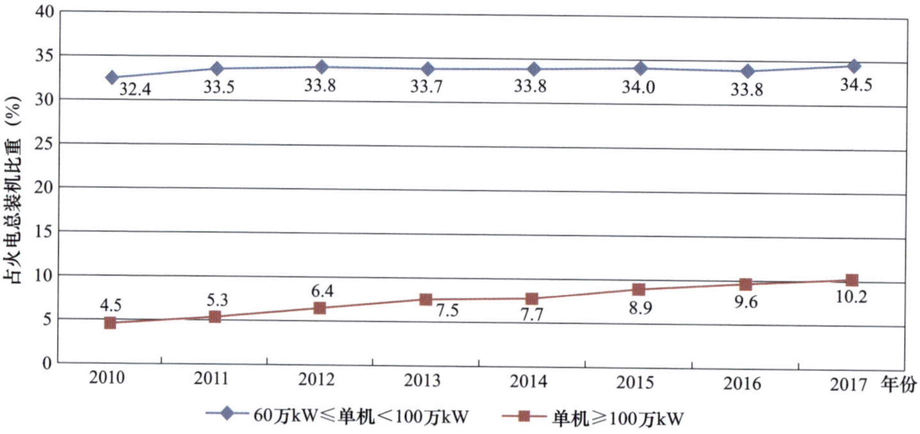

图 2－17　中国大机组占火电装机比重（2010～2017 年）

（数据来源：中国电力企业联合会）

中国燃煤发电技术水平世界领先，世界首台 600、1000MW 等级超超临界二次再热机组，600MW 等级超临界循环流化床机组均在中国投入商业化运行，1000MW 等级超超临界机组超过 100 台套。中国煤电节能减排水平大幅提升。截至 2017 年 10 月 31 日，中国已累计淘汰小火电机组 1.1 亿 kW 左右，2017 年火电机组平均供电煤耗降至 309g 标准煤/kWh，2010 年以来累计降低了 21g 标准煤/kWh，年节约标准煤 7000 万 t 以上，减排二氧化碳约 2 亿 t。

（2）清洁高效煤电技术研发进展。中国的清洁高效燃煤发电技术取得长足的进步，在国家科技项目持续支持下，经过十余年的引进、消化、再创新，中国实现了超超临界燃煤发电技术的跨越式发展，整体上达到国际先进水平。中国超超临界机组技术水平、发展速度、装机容量和机组数量均已跃居世界首位，600℃等级大容量超超临界发电机组已成为中国火力发电主力机组。

中国在 600MW 等级超超临界循环流化床锅炉技术、630℃超超临界二次再热发电技术、700℃超超临界发电关键技术等先进超超临界发电技术上开展了大量研究工作。成功开发了具有自主知识产权的 600～1000MW 等级超超临界空冷机组发电技术；自主研发成功 600MW 等级大型空冷机组，建成世界首座 1000MW 等级超超临界空冷机组。自主研发了 600～1000MW 等级超超临界二次再热发电技术，完成首台套 1000MW 等级二次再热超超临界机组的工程示范，发电效率达 47.82%，发电煤耗达 256.8g 标准煤/kWh，发电效率和发电煤耗均达到世界领先水平。

建成了第一套 250MW 整体煤气化联合循环（integrated gasification combined cycle，IGCC）示范电站，设计发电效率（lower heating value，LHV）达 41%，实现了 IGCC 发电技术零的突破。循环流化床（circulating fluidized bed，CFB）锅炉技术开发与工业应用已基本成熟，完成了 300MW 等级燃劣质燃料机组的自主研制和产业化应用，在此基础上完成世界上最大的 600MW 超临界循环流化床锅炉机组开发，并在四川白马投入商业运行，达到世界领先水平。中国开展了 700℃超超临界发电技术基础性研究，成立了 700℃发电产业联盟，整合国内科研和生产力量，针对 700℃超超临界发电相关材料、设计、工艺制造等关键技术，开展了总体方案设计、关键材料、锅炉关键技术、关键部件验证试验平台与电站建设的工程可行性等研究。2016 年中国首个 700℃超超临界发电关键部件验证试验平台在华能南京热电厂建成并投运。

2.4.2　煤电机组能耗水平不断降低

在推动煤电机组节能改造，淘汰落后煤电产能，发展大容量、高参数、高效率机组等一系列政策的推动下，中国煤电机组能耗水平不断降低。据中国电力企业联合会统计，2019 年全国 6000kW 及以上火电机组供电煤耗达 306.4g/kWh，比 1978 年的 471g/kWh 下降了 164.6g/kWh。单位发电量耗水量由 2000 年的 4.1kg/kWh 降至 2019 年的 1.21kg/kWh，降幅近 70%。与世界主要煤电国家相比，在不考虑负荷因素影响下，中国煤电效率与日本基本持平，总体上已经超过德国和美国。2010 年以来累计煤耗降低了 23.8g 标准煤/kWh，年节约标准煤 7000 万 t 以上，减少二氧化碳排放约 2 亿 t。平均单位火电发电二氧化碳排放约 838g/kWh，比 2005 年下降 20.0%。

2.4.3　煤电机组污染物排放控制水平不断提升

在烟气污染物控制方面，在不断升级的环保和排放控制政策背景下，中国的煤电企业通过不断升级煤电污染控制技术和设备，推动煤电机组的污染物控制水平大幅提升。改革开放初期，中国电厂锅炉烟气平均除尘器效率约 85%，而 2000 年达到约 98%，2010 年则达到约 99.2%，2017 年底达到 99.95%左右。在二氧化硫排放控制方面，2005 年广泛引进脱硫技术开始大规模建设烟气脱硫装置，到 2017 年底脱硫装置已基本覆盖煤电机组（其中投运脱硫设施的燃煤机组占燃煤机组的 95.8%，剩余的循环流化床机组采用炉内固硫技术），平均脱硫综合效率已达 98%。在氮氧化物排放控制上，2003 年前后通过新建项目从国外引进了烟气脱硝技术，“十一五”期间以大量引进、消化吸收再创新、国产化烟气脱硝技术设备为主导辅之以自主创新，加快了烟尘脱硝工程应用进程；“十二五”期间开始大规模建造烟气脱硝装置。2015 年后政府出台了一系列政策推动燃煤电厂的超低排放改造，截至 2017 年底，完成改造规模达 7 亿 kWh，超过煤电装机规模的 70%。2017 年，全国电力烟尘、二氧化硫和氮氧化物排放量分别约为 26 万、120 万 t 和 14 万 t，分别比 1990 年下降 336 万、297 万 t 和 114.7 万 t，在全国火电装机大幅增长的情况下，污染物总排放量显著下降。2019 年，中国单位火电发电量烟尘排放量、二氧化硫排放量和氮氧化物排放量分别为 0.036、0.187、0.195g/kWh，已处于世界先进水平。2005～2017 年中国脱硫、脱硝机组占煤电装机比重如图 2－18 所示。

燃煤电厂固体废物主要为粉煤灰与脱硫石膏。中国粉煤灰已广泛应用于水泥、加气混凝土、陶粒、砂浆等生产建筑材料，路面基层、水泥混凝土路面等生产筑路材料，回填矿坑和农业利用，以及提取漂珠等高附价值利用方面。“十一五”以来，随着电煤消费量的提高和脱硫装置的普遍应用，脱硫石膏产量不断增加，综合利用途径也不断拓宽，现已广泛应用于水泥缓凝剂、石膏建材、改良土壤、回填路基材

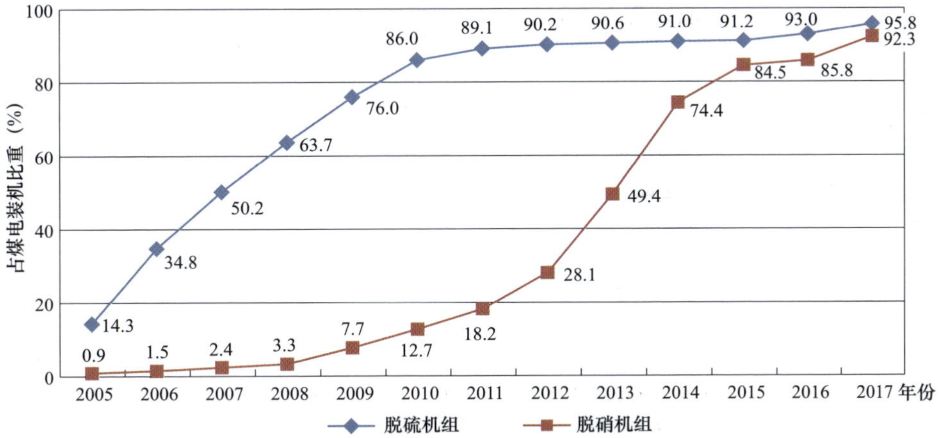

图 2-18　中国脱硫、脱硝机组占煤电装机比重（2005～2017 年）
（数据来源：中国电力企业联合会）

料等。2017 年，中国燃煤电厂产生粉煤灰约 5.1 亿 t，综合利用率约 72%；产生脱硫石膏约 7550 万 t，综合利用率约 75%。

第 3 章

中国能源发展战略和政策

3.1　中国能源政策的变迁

3.1.1　基于经济发展阶段和能源禀赋条件的能源政策

中国能源发展的一个典型特点是基于经济发展阶段，结合能源技术的发展水平，合理规划和调整国内的能源战略。中国能源政策的变迁可以概括为如下三个阶段。

第一阶段（1978～1992 年）：能源投资多元化，解决能源供应短缺。

改革开放初期，作为基础工业的能源业是国民经济的薄弱环节能源供应短缺，虽然能源消费水平很低。这一时期，能源供应短缺问题凸显，缺煤缺电现象十分普遍和严重。能源发展主要围绕尽快增加煤炭和电力供应能力，扩大投资来源，逐渐放开上游，允许多种形式的乡镇企业办煤矿、鼓励多家办电。为解决电力投资不足，国家出台政策允许多家办电，相应的政策是“电厂大家办，电网国家管”。1987 年国务院提出了“政企分开，省为实体，联合电网，统一调度，集资办电”的电力体制改革原则，推动形成了多家办电、多渠道筹资办电的新格局。油气增产改革重点放在油价双轨制的引进。“七五”期间煤炭产销基本平衡，“八五”期间产略大于销，且有一定数量出口。国民经济由“以煤定产”转为煤炭“以销定产”。电力工业改革改变了过去独家办电的格局，调动了中央、地方、企业、内资和外资等各个方面办电的积极性。

第二阶段（1992～2012 年）：体制机制市场化改革，适应了能源的快速扩张。

1992 年，计划经济体制正式退出历史舞台，中国经济进入新一轮的高速增长期，能源改革面临如何建立适合市场经济管理体制的新形势，部门调整、能源企业重组、行业结构调整等体制机制改革加速进行。这一时期，能源行业管理体制改革的重点是实现政企分离，从原来分行业的部门所有制，转变为综合能源主管机构和大型国有能源企业的新体制。大型能源企业陆续成立，逐渐剥离了能源公司的政府职能，建立现代企业制度。在中央直管的国有能源国企建立和发展的同时，一大批地方综合性能源企业也纷纷发展起来，以电力为中心，集约了燃气、热力、煤炭等多种能源，形成了多个强大的地方能源集团。这些改革主要是调整市场主体构成以形成市场竞争机制，形成适应国情的多元化能源企业结构框架。

经过这一阶段体制改革，适应能源高速度扩张型发展需要的市场化体制机制初步建立，形成了以国有大型能源集团为基础和主力、地方能源集团不断壮大发展、民营能源企业也有较多发展空间的格局。能源投资渠道充分开拓，投资总量大幅提高，能源生产建设能力、装备制造能力、供给保障能力和技术能力不断增强，能源发展进入了大规模、高速度发展阶段。放开管制，实现市场主体多元化，引进竞争等改革措施解决了能源投资的制约，促进了能源供应能力的高速增长。

这个阶段中国的能源供给保障能力大幅度提高，能源生产总量、电力装机规模和发电量都达到了世界第一。2012 年中国能源生产总量 35.1 亿 t 标准煤。煤炭年产量从 1992 年的 11.2 亿 t、2001 年的 14.7 亿 t，增长到 2013 年的 39.74 亿 t，达到历史最高点；电力供应能力显著提升，特别是电源装机快速增长，电源装机从 1992 年的 1.7 亿 kW，增长到 2002 年的 3.5 亿 kW，2006 年当年新增容量首次超过 1 亿 kW，2012 年达到 11.5 亿 kW，发电量达 49 865 亿 kWh。之后五年每年电力新增装机均超过 1 亿 kW。可再生能源发电从无到有，2005 年太阳能、风电装机容量仅占全国总装机容量的 0.2%，2012 年两者装机容量占比超过 5%。2001 年前天然气年产量曾长期不足 300 亿 m^3，2001 年仅有 303 亿 m^3，2012 年增长到 1072 亿 m^3；原油产量 2010 年突破 2 亿 t。

第三阶段（2012 年～至今）：加快能源绿色低碳转型，实现高质量发展。

2012 年以来，中国经济发展步入新常态，能源消费增速趋缓，能源领域出现传统煤炭和煤电产能过剩，而天然气和低碳能源等清洁优质能源供应能力不足，能源发展从过去的以扩张型保供为主要目标，转变为需要加快绿色低碳转型、实现能源转型的新阶段。

2014 年 6 月，习近平总书记在中央财经领导小组第六次会议上提出了“四个革命、一个合作”（“四个革命”指推动能源消费革命，抑制不合理能源消费；推动能源供给革命，建立多元供给体系；推动能源技术革命，带动产业升级；推动能源体制革命，打通能源发展快车道；“一个合作”即是全方位加强国际合作，实现开放条件下能源安全。）能源安全新战略，正式提出能源革命的战略转型方向。从中国的环境资源制约条件和全球低碳化转型进程加快的大趋势出发，能源革命把能源消费革命放到了重要的前提地位。强调了能源平衡和保供，必须以节约高效为前提，进行消费方式的革命，抑制不合理的能源消费，包括用能源总量控制方法实现资源节约型社会建设的目标。在能源生产和技术革命中，明确提出了能源多元化发展，重点是减少煤炭消费比例，发展清洁高效能源。包括推动绿色低碳能源发展，适应世界对应气候变化的大趋势。

从 2014 年前后开始，中国一次能源供应的增速明显下降，能源结构向清洁绿色低碳方面调整的步伐也在加快。煤炭消费总量下降，天然气和非化石能源的发展加速。“十三五”以来，国家在煤炭行业实行供给侧结构性改革，在压缩煤炭过剩产能，降低煤炭消费总量方面做了大量工作。“十三五”制订的能源消费总量控制目标也分解到各省，对地方控制能源消费投资、制约高能耗项目投建起到了积极作用。这一时期，能源结构向高效、清洁、低碳方向发展。截至 2019 年底，中国风电装机容量为 2.1 亿 kW，太阳能装机容量为 2.05 亿 kW，分别同比增长 14%和 17.4%。从能源消费结构上看，2019 年煤炭消费量占能源消费总量的 57.7%，同比下降 1.5 个百分点；天然气、水电、核电、风电等清洁能源消费量占能源消费总量的 23.4%，同比上升 1.3 个百分点。十年间清洁能源消费占能源消费总量的比重从 2008 年的 11.8%上升到 2019 年的 23.4%。

3.1.2　不同阶段的电力发展政策

煤电一直是中国发电的支柱。中国的煤电发展经历了电力短缺阶段、市场竞争阶段和产能过剩等阶段。

1978～2012 年，中国经济高速发展，相比之下，电力供应总体上看存在一定的缺口。因此，这一时期中国的煤电政策总体以发展为主，优先满足经济社会发展需要。1978～1992 年，为解决能源短缺和电力建设资金缺乏等问题，国务院批转国家经委等部门《关于鼓励集资办电和实行多种电价的暂行规定》的通知（国发〔1985〕72 号），鼓励集资办电解决电站项目建设资金问题，实施多种电价，提高新建电力项目的收益，扩大对投资资金的吸引力。国务院于 1987 年提出“政企分开，省为实体，联合电网，统一调度，集资办电”的改革方针，加速了集资办电、利用外资办电、地方政府办电等进展，极大促进了电力特别是电源的发展。

1985～1992 年，中国的发电装机年均增幅约为 10%，至 1992 年达 1.67 亿 kW。

1992～2000 年，1993 年成立的电力工业部，根据国务院和国家计划委员会的部署，为编制“九五”计划相继开展了水电、核电、环保、“以大代小”、更新改造和洁净煤技术规划以及利用燃气发电展望等有关专题研究。在形成的《电力工业“九五”计划》中除建议了发电装机和发电量的指标外，还提出了农村电气化、环境保护目标，投资需求及平衡建议，发电设备需求与供应，燃料需求与供应等。这一时期煤电机组通过“以大代小”“以新代老”等方式，消减污染物排放，以实现行业主管部门污染防治计划目标。

“十五”（2000～2005 年）全国电力供需形势由 2001 年基本平衡、个别地区略有紧张发展到 2002 年的电力需求快速增长，全国有 12 个省级电网出现拉限电。因此，“十五”规划中进行了调整，以确定增补的建设规模与项目，并安排一些项目立即开工，以缓解几年后可能出现的更为严峻的电力供需形势。2002 年，国务院印发《电力体制改革方案》（国发〔2002〕5 号），启动了以厂网分开、主辅分离为主要内容的改革，2003 年国家电力监管委员会挂牌履行电力监管职能。电力行业破除了独家办电的体制约束，从根本上改变了指令性计划体制和政企不分、厂网不分等问题，发电侧初步形成了电力市场主体多元化竞争格局，促进了中国电力工业的快速发展。“十五”期间，全国 GDP 增长速度逐年加快，五年平均增速为 9.5%。2005 年全国全社会用电量达到 2.48 万亿 kWh，年均增长 12.9%。2005 年全国电力装机容量达到 51 719 万 kW，年发电量 24 975 亿 kWh。由于受电力供需紧张形势影响，“十五”期间电源结构调整步伐受阻。从发电装机结构看，2005 年水电、核电、风电等非化石能源装机的占比下降到 24.22%，比 2000 年降低了 1.28%。2005 年火电装机占比上升到 75.67%。虽然 30 万 kW 及以上机组比重上升到 47.1%，比 2000 年提高了 8.22%，但各地不但放缓了小火电机组的关停步伐，还新上了大量的 10 万 kW 以下的小火电机组。

《中华人民共和国国民经济和社会发展第十一个五年规划纲要》明确提出“十一五”期间单位国内生产总值能耗降低 20%左右，主要污染物排放总量减少 10%的约束性指标。为完成这一目标，国家发布了《节能减排综合性工作方案》。在此背景下，在满足经济社会发展的电能需求的同时，完成上述目标值，一方面国家加大了对小火电机组关停力度，加快审批建设更高参数、更大容量的煤电机组；另一方面，也加快了水电、核电、风电等电力项目的审批支持力度。到 2010 年底，水电装机容量达到 2.16 亿 kW，中国水能资源、水电规模和在建规模均居世界第一；火电装机容量 7.1 亿 kW，所占比重下降到 73.44%（其中煤电装机容量比重下降到 67.79%）；核电装机容量 1082 万 kW，所占比重为 1.12%。在建核电规模为 3395 万 kW，居世界首位；并网风电装机容量 2958 万 kW，所占比重为 3.06%，年均增长 89.8%。2010 年，非化石能源发电装机容量所占比重上升到 26.9%，非化石能源发电量占总发电量比重达到 19.6%。

进入“十二五”时期，《能源发展“十二五”规划》首次把规划指标分为预期性指标和约束性指标，其中包括非化石能源消费比重、火电二氧化硫排放强度、火电氮氧化物排放强度都为约束性指标。在中国经济社会继续高速发展的背景下，“十二五”期间，全国发电装机规模继续不断增长，2015 年达到 15.3 亿 kW，其中常规水电、风电、太阳能发电、天然气发电均超额完成规划预期性目标。截至 2011 年底，风电装机超过美国，跃居世界第一。截至 2015 年底，全国非化石能源装机容量占全国发电装机容量的比重为 34.83%，2015 年全国发电量达到 5.74 万亿 kWh，其中非化石能源发电量占全国发电量的比重上升到 27.23%。火电装机容量占全国发电装机容量比重下降到 65.92%，其中煤电装机容量占全国发电装机容量的比重为 59.01%。火电大容量、高参数、高效机组比重继续提高，全国百万千瓦容量等级机组已达 86 台，60 万 kW 及以上火电机组容量所占比重达到 42.91%。

“十三五”期间，国家发展改革委、国家能源局正式公布了《电力发展“十三五”规划》。为落实“四个革命、一个合作”发展战略，该规划明确提出“着力调整电力结构，着力优化电源布局”“着力增强系统调节能力，着力提高电力系统效率”“加快调整优化，转型升级，构建清洁低碳、安全高效的现代电力工业体系”。

2020 年 9 月 22 日，习近平主席在第七十五届联合国大会一般性辩论上宣布，中国将加大国家自主贡献力度，采取更加有力的政策和措施，二氧化碳排放力争于 2030 年前达到峰值，努力争取 2060 年前实现碳中和。2020 年 12 月 12 日，习近平主席在气候雄心峰会上宣布中国国家自主贡献新举措，进一步宣布“到 2030 年，中国单位国内生产总值二氧化碳排放将比 2005 年下降 65%以上，非化石能源占一次能源消费比重将达到 25%左右，风电、太阳能发电总装机容量将达到 12 亿 kW 以上”。中国政府首次明确了碳达峰、碳中和的时间表。

2021年3月15日，习近平主席主持召开中央财经委员会第九次会议，会议指出，“十四五”是碳达峰的关键期、窗口期。要构建清洁低碳安全高效的能源体系，控制化石能源总量，着力提高利用效能，实施可再生能源替代行动，深化电力体制改革，构建以新能源为主体的新型电力系统。这次会议上中国政府首次提出要构建以新能源为主体的新型电力系统，这是中国实现碳达峰、碳中和最主要举措之一。

2021年3月中国政府公布《中华人民共和国国民经济和社会发展第十四个五年规划和2035年远景目标纲要》。根据纲要，“十四五”时期与能源发展相关的主要指标包括单位GDP能源消耗降低13.5%、单位GDP二氧化碳排放降低18%、能源综合生产能力高于46亿t标准煤、非化石能源占能源消费总量比重提高到20%左右。

3.1.3 不同阶段的可再生能源发展政策

3.1.3.1 可再生能源支持政策发展历程

风电引领了中国可再生能源的发展进程。中国风电产业发展基本上讲可以概括为三个阶段。

第一个阶段是改革开放头十年，开展试验研究、示范先行。

这一时期，可再生能源没有技术基础，没有相关政策扶持，也没有商业化风电场。中国在引进国外风电机组的同时，积极推进自主研制工作，处在风电设备研制的起步阶段。

第二个阶段是20世纪末到2006年，开展商业开发、积累能量。

1995年，原电力工业部提出到2000年风电装机达到100万kW的目标，出台了电网允许风电场就近上网、全额收购风电场上网电量、对高于电网平均电价部分实行全网分摊的鼓励政策。到2006年的十多年间，风电产业完成一定的技术积累和开发经验，出现了鼓励风电发展的政策雏形，出现了商业化开发、公司化运作的体制。

第三个阶段从2006年《可再生能源法》正式实施开始，风电产业进入大范围开发、规模发展的时期。

《中华人民共和国可再生能源法》确立了可再生能源的法律地位、基本制度和政策框架，明确了政府和社会在可再生能源开发利用方面的责任和义务，加之可再生能源发电全额收购制度（2009 年修订版完善为全额保障性收购制度）的出台，对风电产业的崛起和发展起到了至关重要的引领和推动作用。此后，2006 年中国确立可再生能源电费费用分摊制度，征收可再生能源电价附加，由全社会共同承担，保证了风电在售电侧的平等价格；2008 年出台税收政策，对风电机组关键零部件、原材料进口关税实行先征后退，风电企业享受所得税三免三减半的优惠，进一步优化投资条件；2009 年确立分类阶梯电价政策，解决了招标电价和审批电价的不确定性问题。

在这个阶段，相关政策促使了风电迅速发展。2006 年到 2017 年的 11 年间，风电装机容量年平均增长率达 46%，2017 年底装机容量达 1.64 亿 kW，是 2005 年底的 129 倍。风电场已经遍布全国 31 个省（区、市），其中“三北”地区 1.11 亿 kW，占全国风电总装机容量的 67.8%，华东地区、西南地区、中南地区分别占比 15.6%、8.7%、7.7%。

与风电相比较，光伏发电的发展经历了更加漫长的经验积累期。1984 年，第一座离网光伏电站在甘肃省兰州市榆中县园子岔乡诞生，装机容量为 10kW。经过 21 年的技术积累，2005 年 8 月，中国第一座并网光伏电站在西藏羊八井正式投产发电，装机容量为 100kW。《中华人民共和国可再生能源法》实施以后，光伏产业也逐步迎来了高速发展期。特别是 2013 年国家确立分类光伏标杆电价政策，进一步加快了光伏发电开发进程。光伏发电装机从 2006 年底的 8 万 kW 增长到 2017 年底的 1.3 亿 kW，年均接近翻倍增长，已提前完成 2020 年 1.1 亿 kW 的发展规划。

《能源生产与能源消费战略（2016～2020）》中明确提出到 2020 年全面启动能源革命体系布局，推动化石能源清洁化，根本扭转能源消费粗放增长方式，实施政策导向与约束并重。能源消费总量将控制在 50 亿 t 标准煤以内，进一步降低煤炭消费比重，使清洁能源成为能源增量的主体，非化石能源占比提高到 15%；单位国内生产总值二氧化碳排放比 2015 年下降 18%。

为了促进可再生能源发展，中国政府于 2006 年正式颁布《中华人民共和国可再生能源法》，2007 年发布《可再生能源中长期发展规划》（发改能源〔2007〕2174 号），之后又不断提高可再生能源发展目标。先后出台了涵盖能源生产、供给、技术发展、环境保护等政策，包括总量目标、分类补贴制度、专项资金制度、强制上网制度和费用分摊制度等（见表 3－1），支持可再生能源发展。

表 3－1　　中国可再生能源政策机制概览

支持政策	政策内涵
总量目标制度	2020 年，非化石能源比重 15%；发电装机容量达到 7.7 亿 kW，风电和光伏发电分别达到 2.1 亿、1.1 亿 kW
分类补贴制度	可再生能源固定电价机制，并根据产业发展适时调整；明确分布式光伏的补贴政策，确定光热发电示范项目标杆电价
专项资金制度	建立可再生能源发展基金，资金来源主要包括专项资金和电价附加
强制上网制度	实行可再生能源发电量全额保障性收购制度，优先调度为可再生能源调峰的火电机组
费用分摊制度	明确电价附加征收方式和标准，从 2007 年 0.002 元/kWh，经历了 5 次调整，增加到 2016 年的 0.019 元/kWh

3.1.3.2　可再生能源国家补贴政策

在可再生能源发电成本高于常规能源的阶段，可再生能源的发展需要必要的国家财政补贴。中国的可再生能源补贴政策始于 2006 年颁布的《中华人民共和国可再生能源法》。法案规定了通过在居民、工商业等销售电价中均摊的方式，征收可再生能源电价附加，用于补贴可再生能源上网电价超过脱硫燃煤发电上网电价部分。该办法适用范围为包括风力发电、生物质发电（包括农林废弃物直接燃烧和气化发电、垃圾焚烧和垃圾填埋气发电、沼气发电）、太阳能发电、海洋能发电和地热能发电。太阳能光伏、太阳能光热、风电、生物质等可再生能源发电价格政策如表 3－2 所示。

表 3－2　　中国的可再生能源发电价格政策

可再生能源发电种类	上网电价（元/kWh，含税）	实施时间	政策
集中式光伏电站	一类资源区：指导价 0.40 二类资源区：指导价 0.45 三类资源区：指导价 0.55	2019 年 7 月 1 日	《国家发展改革委关于完善光伏发电上网电价机制有关问题的通知》（发改价格〔2019〕761 号）
“自发自用、余量上网”模式的工商业分布式（即除户用以外的分布式）光伏	全电量度电补贴：0.10		
“自发自用、余量上网”模式和“全额上网”模式的户用分布式光伏	全电量度电补贴：0.18		

续表

可再生能源发电种类	上网电价（元/kWh，含税）	实施时间	政策
村级光伏扶贫电站（含联村电站）	一类资源区：0.65 二类资源区：0.75 三类资源区：0.85	2019 年 7 月 1 日	《国家发展改革委关于完善光伏发电上网电价机制有关问题的通知》（发改价格〔2019〕761 号）
太阳能热发电	1.15 （仅适用于 2020 年 12 月 31 日前全部建成投产的首批示范项目）	2016 年 8 月 29 日	《国家发展改革委关于太阳能热发电标杆上网电价政策的通知》（发改价格〔2016〕1881 号）； 《国家能源局关于推进太阳能热发电示范项目建设有关事项的通知》（国能发新能〔2018〕46 号）
陆上风电	一类资源区：指导价 0.34 二类资源区：指导价 0.39 三类资源区：指导价 0.43 四类资源区：指导价 0.52	2019 年 7 月 1 日	《国家发展改革委关于完善风电上网电价政策的通知》（发改价格〔2019〕882 号）
海上风电	近海风电：通过竞争方式确定上网电价，不得高于 0.75		
	潮间带风电：通过竞争方式确定上网电价，不得高于所在资源区陆上风电指导价		
农林生物质发电	0.75	2010 年 7 月 1 日	《国家发展改革委关于完善农林生物质发电价格政策的通知》（发改价格〔2010〕1579 号）
垃圾焚烧发电	0.65	2012 年 4 月 1 日	《国家发展改革委关于完善垃圾焚烧发电价格政策的通知》（发改价格〔2012〕801 号）

3.1.3.3　可再生能源电力消纳支持政策

为全面树立优先开发利用可再生能源的观念，引导全社会绿色消费，促进清洁能源消纳利用，中国近年来出台了一系列促进可再生能源电力消纳的相关支持政策，明确了可再生能源开发利用目标管理机制，2017 年 1 月出台了可再生能源绿色电力证书核发及自愿认购交易制度。表 3－3 汇总了中国近年来发布的促进可再生能源电力消纳相关支持政策。

表 3-3　　中国可再生能源电力消纳支持政策

编号	通知/意见	印发单位	印发时间	备注
1	《关于印发可再生能源发电全额保障性收购管理办法的通知》（发改能源〔2016〕625 号）	国家发展改革委	2016 年 3 月 24 日	通知指出：可再生能源并网发电项目年发电量分为保障性收购电量部分和市场交易电量部分
2	《关于建立可再生能源开发利用目标引导制度的指导意见》（国能新能〔2016〕54 号）	国家能源局	2016 年 2 月 29 日	该意见的出台向可再生能源发展释放了正面信号，从国家能源主管部门的层面进一步凝聚优先开发利用可再生能源的共识，建立目标导向的管理模式，从源头上理顺可再生能源与其他能源类型的发展关系
3	《关于试行可再生能源绿色电力证书核发及自愿认购交易制度的通知》（发改能源〔2017〕132 号）	国家发展改革委、财政部、国家能源局	2017 年 1 月 18 日	通知规定：绿色电力证书自 2017 年 7 月 1 日起正式开展认购工作，认购价格按照不高于证书对应电量的可再生能源电价附加资金补贴金额由买卖双方自行协商或者通过竞价确定认购价格
4	关于印发《解决弃水弃风弃光问题实施方案》的通知（发改能源〔2017〕1942 号）	国家发展改革委、国家能源局	2017 年 11 月 8 日	通知中明确：2017 年可再生能源电力受限严重地区弃水弃风弃光状况实现明显缓解；到 2020 年在全国范围内有效解决弃水弃风弃光问题
5	关于印发《清洁能源消纳行动计划（2018～2020 年）》的通知（发改能源规〔2018〕1575 号）	国家发展改革委、国家能源局	2018 年 10 月 30 日	通知中明确：2018 年，清洁能源消纳取得显著成效；到 2020 年，基本解决清洁能源消纳问题
6	《关于规范优先发电优先购电计划管理的通知》（发改运行〔2019〕144 号）	国家发展改革委、国家能源局	2019 年 1 月 22 日	通知指出：优先发电是实现风电、太阳能发电等清洁能源保障性收购，确保核电、大型水电等清洁能源按基荷满发和安全运行，促进调峰调频等调节性电源稳定运行的有效方式
7	《关于建立健全可再生能源电力消纳保障机制的通知》（发改能源〔2019〕807 号）	国家发展改革委、国家能源局	2019 年 5 月 10 日	通知中明确：对电力消费设定可再生能源电力消纳责任权重；按省级行政区域确定消纳责任权重

随着水电、风电、太阳能发电等可再生能源装机规模的扩大，以及煤电产能过剩形势的出现，弃水、弃风、弃光现象成为新的问题。为应对这一情况，2017 年 11 月，国家发展改革委、国家能源局联合印发《解决弃水弃风弃光问题实施方案》，方案明确要求提到水能利用率，降低弃风、弃光率。实施方法具体要求云南、四川水能利用率力争达到 90%左右。甘肃、新疆弃风率降至 30%左右，吉林、黑龙江

和内蒙古弃风率降至 20%左右。甘肃、新疆弃光率降至 20%左右，陕西、青海弃光率力争控制在 10%以内。其他地区风电和光伏发电年利用小时数应达到国家能源局 2016 年下达的本地区最低保障收购年利用小时数（或弃风率低于 10%、弃光率低于 5%）。通过该方案的发布和实施，弃水、弃风、弃光的态势得到有效遏制，水电、风电和太阳能发电等利用率相应得到提高。

3.2　多能互补技术的发展

3.2.1　多能互补概念的提出

多能互补概念的提出和发展是中国政府的能源发展规划布局和产业政策支持的结果。2007 年，《能源发展“十一五”规划》提出了可再生能源产业化工程，将可再生能源低成本规模化开发利用列为重点发展的先进适用技术之一，重点发展资源潜力大、技术基本成熟的风力发电、生物质发电、生物质成型燃料、太阳能利用等可再生能源，实现“多种能源的相互补充”，以规模化建设带动可再生能源产业化发展；并首次将“分布式供能系统”列为重点发展的前沿技术之一，重点加强微小型燃气轮机、新型热力循环等终端能源转换、储能、热电冷系统综合技术等研究和发展。多能互补技术重点在于集成优化多种能源供应，结合能源需求管理和响应，解决多能流带来的运行控制问题，实现优势互补、协调优化。多能互补的概念在国际上没有统一广泛的提出，虽然在多个国家和地区有许多相关的应用。

多能互补的发展方向在“十二五”和“十三五”能源规划中都得到强调。2013 年，《能源发展“十二五”规划》将国家综合能源基地建设列为主要目标之一，加快建设山西、鄂尔多斯盆地、内蒙古东部地区、西南地区、新疆五大国家综合能源基地；提出加快发展风能等其他可再生能源，将太阳能电站列为能源资源开发重点之一，明确提出建设若干座大型光伏发电站，结合资源和电网条件，探索“水光互补、风光互补”的利用新模式，实现集中发电侧的多能互补。在能源需求侧提出“统筹传统能源、新能源和可再生能源的综合利用”，积极发展天然气分布式能源，大力发展分布式可再生能源，营造有利于分布式能源发展的政策环境；将储能设施和分布式能源设备列为能源装备发展重点之一，实现“多能互补分布式供能系统关键装备的系统集成”。将 100MW 级风、光、储、输综合供能系统示范工程和 10MW 级水、光、气、储互补发电系统示范工程列为能源示范工程重点任务之一。

2016 年，《能源发展“十三五”规划》指出中国能源系统整体利用效率较低，为此，将“高效智能，着力优化能源系统”列为七大主要任务的首要任务，提出以提升能源系统综合效率为目标，优化能源开发布局，加强电力系统调峰能力建设，实施需求侧响应能力提升工程，推动能源生产供应集成优化，构建多能互补、供需协调的智慧能源系统。提出实施多能互补集成优化工程和积极推动“互联网+”智慧能源发展，将“综合能源基地建设工程”“风光水火储多能互补工程”“终端一体化集成供能工程”列为能源系统优化重点工程。

2016 年 12 月，国家发展改革委和国家能源局联合印发《能源生产和消费革命战略（2016～2030）》，提出将全面建设“互联网+”智慧能源；加强电力系统的智能化建设，有效对接油气管网、热力管网和其他能源网络，促进多种类型能流网络互联互通和多种能源形态协同转化，建设“源—网—荷—储”协调发展、集成互补的能源互联网。

3.2.2 多能互补发展的有关政策

为促进多能互补和能源综合利用的发展，有关政府机构发布一系列有关的政策文件。2011 年 10 月，国家发展改革委、财政部、住房城乡建设部、国家能源局联合发布《关于发展天然气分布式能源的指导意见》（发改能源〔2011〕2196 号），提出重点在能源负荷中心建设区域分布式能源系统和楼宇分布式能源系统。包括城市工业园区、旅游集中服务区、生态园区、大型商业设施等，在条件具备的地方结合太阳能、风能、地源热泵等可再生能源进行综合利用。

2013 年 7 月，国家发展改革委印发了《分布式发电管理暂行办法》（发改能源〔2013〕1381 号），指出分布式发电是指在用户所在场地或附近建设安装、运行以用户端自发自用为主、多余电量上网，且在配电网系统平衡调节为特征的发电设施或有电力输出能力的综合梯级利用多联供设施。提出分布式发电应遵循因地制宜、清洁高效、分散布局、就近利用的原则，充分利用当地可再生能源和综合利用资源，替代和减少化石能源消费。

2014 年 10 月，国家发展改革委、国家能源局和住房城乡建设部联合发布《天然气分布式能源示范项目实施细则》（发改能源〔2014〕2382 号），指出天然气分布式能源是指利用天然气为燃料，通过冷热电三联供等方式实现能源的梯级利用，综合能源利用效率在 70%以上，并在负荷中心就近实现能源供应的现代能源供应方式，是天然气高效利用的重要方式。指出天然气分布式能源示范项目应充分利用示范项目所在地自然条件，实现与太阳能、生物质能、地热、风能、水电等可再生能源以及储能装置的有机结合，形成互相补充的综合利用系统，增强能源供应可靠性和稳定性。

2015 年 7 月，国家发展改革委和国家能源局联合印发《关于促进智能电网发展的指导意见》（发改运行〔2015〕1518 号），指出智能电网是在传统电力系统基础上，通过集成新能源、新材料、新设备和先进传感技术、信息技术、控制技术、储能技术等新技术，形成的新一代电力系统，具有高度信息化、自动化、互动化等特征，可以更好地实现电网安全、可靠、经济、高效运行。提出智能电网的主要任务之一是加强能源互联、促进多种能源优化互补。

2015 年 7 月，国家能源局发布《关于推进新能源微电网示范项目建设的指导意见》（国能新能〔2015〕265 号），指出新能源微电网是基于局部配电网建设的，风、光、天然气等各类分布式能源多能互补。提出新能源微电网示范项目建设要坚持的原则之一是“多能互补，自成一体”，将各类分布式能源、储电蓄热（冷）及高效用能技术相结合，通过智能电网及综合能量管理系统，形成以可再生能源为主的高效一体化分布式能源系统。

2016 年 2 月，国家发展改革委印发《关于推进“互联网+”智慧能源发展的指导意见》（发改能源〔2016〕392 号），提出“互联网+”智慧能源（简称能源互联网）是一种互联网与能源生产、传输、存储、消费以及能源市场深度融合的能源产业发展新形态，具有设备智能、多能协同、信息对称、供需分散、系统扁平、交易开放等主要特征。

2016 年 7 月，国家发展改革委和国家能源局印发《关于推进多能互补集成优化示范工程建设的实施意见》（发改能源〔2016〕1430 号），提出建设多能互补集成优化示范工程是构建“互联网+”智慧能源系统的重要任务之一，有利于提高能源供需协调能力，推动能源清洁生产和就近消纳，减少弃风、弃光、弃水限电，促进可再生能源消纳，是提高能源系统综合效率的重要抓手，对于建设清洁低碳、安全高效现代能源体系具有重要意义。具体归类了多能互补集成优化示范工程的两种模式：需求侧终端一体化集成供能系统和集中发电侧风光水火储多能互补系统。

1）需求侧终端一体化集成供能系统。在新城镇、新产业园区、新建大型公用设施、商务区和海岛地区等新增用能区域，加强终端供能系统统筹规划和一体化建设，因地制宜实施传统能源与风能、太阳能、地热能、生物质能等能源的协同开发利用，优化布局电力、燃气、热力、供冷、供水管廊等基础设施，通过天然气热电冷三联供、分布式可再生能源和能源智能微网等方式实现多能互补和协同供应，为用户提供高效智能的能源供应和相关增值服务，同时实施能源需求侧管理，推动能源就地清洁生产和就近消纳，提高能源综合利用效率。在既有产业园区、大型公共建筑、居民小区等集中用能区域，实施供能系统能源综合梯级利用改造，推广应用上述供能模式，同时加强余热、余压以及工业副产品、生活垃圾等能源资源回收和综合利用。

2）集中发电侧风光水火储多能互补系统。在青海、甘肃、宁夏、内蒙古、四川、云南、贵州等省（自治区），利用大型综合能源基地风能、太阳能、水能、煤炭、天然气等资源组合优势，充分发挥流域梯级水电站、具有灵活调节性能火电机组的调峰能力，建立配套电力调度、市场交易和价格机制，开展风光水火储多能互补系统一体化运行，提高电力输出功率的稳定性，提升电力系统消纳风电、光伏发电等间歇性可再生能源的能力和综合效益。

实施意见提出了多能互补集成优化示范工程的建设目标：2016 年在已有相关项目基础上，推动项目升级改造和系统整合，启动第一批示范工程建设；“十三五”期间建成国家级终端一体化集成供能示范工程 20 项以上、国家级风光水火储多能互补示范工程 3 项以上；到 2020 年，各省（区、市）新建产业园区采用终端一体化集成供能系统的比例达到 50%左右，既有产业园区实施能源综合梯级利用改造的比例达到 30%左右；国家级风光水火储多能互补示范工程弃风率控制在 5%以内，弃光率控制在 3%以内。

3.2.3 中国多能互补发展的经验

在制定了一系列能源发展规划和产业政策后，中国政府和企业组织了各种不同类型的多能互补相关项目，验证了多能互补技术的成熟度、商业模式的可行性、经济性与可靠性。下面就中国多能互补发展的经验从技术创新性、经济性和体制机制三方面进行概述。

3.2.3.1 技术创新性

多能互补的应用面临控制对象由单一变成多样的问题，能源的类型、响应规律各不同，对多能互补的运行调度提出了一系列挑战。有关核心技术的创新主要在于增强系统的安全、可靠、优质运行，其中有突出创新的包括能源供应、储能、电网技术、系统规划和运行以及能源管理。表 3－4 总结了中国多能互补的技术创新经验。

表 3－4　　中国多能互补的技术创新经验

技术创新领域	创新成果
能源供应	1. 负荷与可再生能源功率预测技术。负荷和可再生能源功率预测是进行多能系统规划设计、科学调度管理的基础，有助于提高电网接纳新能源能力、电能质量以及电网运行的安全稳定性。国家电网有限公司主导发起的国际电工委员会（International Electrotechnical Commission，IEC）《可再生能源发电功率预测（IEC TR63043）》国际标准提案已获批立项。 2. 风力发电技术。近年来中国的风电装机容量快速增长，在发展过程中形成了较强的风电机组制作能力、设计施工能力、并网调控能力以及运行经验。在解决设计可靠性的机组设计与工艺、复杂地形条件下的风电机组安装、大规模并网稳定运行方面积累了丰富经验。 3. 光伏发电技术。中国的“三北”地区光伏资源储能丰富，建有大量的光伏电站。同时，分布式光伏发电速度也较快，截至 2017 年，中国集中式光伏装机总量为 100.59GW、分布式光伏装机为 29.66GW。在光伏制造领域，中国多晶硅料、硅片、电池和组件全球产能占比均在 55%以上，处于行业领先地位。 4. 太阳能热利用技术。中国在太阳集热器的装机容量方面占世界总装机容量的 70%以上，太阳能发电量达到 53.6 亿 kWh，在世界处于前列。中国在太阳能热水器、热泵的使用、各种类型的太阳能热发电方面都具有广泛的应用，技术相对成熟，利用效率较高。 5. 生物质利用技术。中国的可开发生物质资源总量为 7 亿 t 左右标准煤，拥有较长的生物质制沼气应用经历，在生物质能发电和制气方面具有丰富的技术储备，如生物质燃烧发电厂、生物质热化学加工工艺及设备、生物厌氧发酵工艺及设备、生物质制乙醇技术、生物柴油等。 6. 天然气冷、热、电三联供技术。三联供系统主要由动力系统、余热利用系统、供配电系统、燃气供应系统、监控系统、给排水系统、通风系统、消防系统等共同组成，通过冷、热、电三联供等方式实现能源的梯级利用，综合能源利用效率可达到 70%以上，并在负荷中心就近实现能源供应，是天然气高效利用的重要方式。中国的天然气冷、热、电三联供相对成熟，截至 2015 年底，天然气三联供系统总装机容量超过 1112 万 kW，主要分布在上海、北京、长沙、广州、武汉等大中型城市，根据“十三五”规划，预计到 2020 年各地规划装机容量将超过 20GW

续表

技术创新领域	创新成果
储能	储能技术。储能技术在多能互补中占有重要地位，从分类上看，储能可以包括物理储能、电化学储能、储热、储氢等多种类型。从技术成熟度来看，抽水蓄能应用规模最大，截至2016年底，全国抽水蓄能电站机组容量为5032.5万kW，运行容量为2338.5万kW，在建容量为2694万kW，约占全国总装机容量的3%。同时，中国在锂离子电池、铅酸电池、超级电容器等方面也具有较成熟的方案和产品
系统规划和运行	1. 多能流建模、计算与仿真技术。多能互补中包含的能源类型不一、设备种类多，甚至存在电气系统、燃气系统等完全异质的能源载体，在建模、计算和仿真时需要全新的建模理论、计算框架和仿真方法。目前，多能流的建模、计算与仿真技术研究已经形成部分仿真软件的原型系统，如清华大学Cloudpss仿真平台能够提供电、磁、热等多物理场的详细模型，实现多能互补系统仿真。 2. 多能系统容量优化规划技术。多能系统容量优化规划技术针对的是多能互补系统中各种类型的能源科学配置问题，需要综合考虑负荷情况、地区资源禀赋、投资成本以及技术安全性，在高比例可再生能源接入情况下，还需要特别考虑不确定分析、多时间常数调控能力、供能可靠性问题，并合理规划各种类型可再生能源的配置比例，以及储能、常规水电或火电机组的配置，实现综合的最优。 3. 虚拟电厂技术。中国在虚拟电厂技术方面达到国际领先水平，由中国发起的《虚拟电厂架构与功能要求》《虚拟电厂用例》两项标准已经通过IEC批准立项，虚拟电厂技术已经成熟并已具备推广应用的条件。 4. 虚拟同步发电机技术。2017年12月27日，世界首个具备虚拟同步机功能的新能源电站在国家风光储输示范电站建成投运，标志中国掌握了虚拟同步发电机关键技术。该项技术的推广将提升电网在高比例可再生能源发电时的安全稳定运行水平
电网技术	1. 大规模可再生能源并网技术。大规模可再生能源并网，尤其是具有间歇性和变化性的光伏、风电等能源，会造成系统转动惯量下降、系统抗扰动能力下降、频率调节能力降低、电压调控能力下降、动态失稳的风险增加等一系列问题。大规模可再生能源并网技术包含电力电子控制技术、高/低电压穿越技术、调频/调压技术、协调控制技术、储能技术等多个方面。中国的风电、光伏新装机和发电量在世界位居前列，在大规模可再生能源并网已经形成了一系列核心技术，如虚拟同步发电机技术、风电机组低电压穿越技术等。 2. 特高压输电技术。特高压输电即1000kV交流或±800kV及以上直流输电，最大特点就是可以长距离、大容量、低损耗输送电力，具有效率高、损耗低、占地省、安全性好的特点，能够实现数千千米、千万千瓦级电力输送能力。1000kV交流特高压输电线路的输电能力超过500万kW，接近500kV超高压交流输电线路的5倍。目前，国家电网已经建成联接大型能源基地与主要负荷中心的“三纵三横”特高压骨干网架，形成大规模“西电东送”“北电南送”的能源配置格局。经过多年积累，特高压输电技术已经趋于成熟并可进行推广应用。 3. 微电网技术。微电网技术可以广泛应用于可再生能源资源丰富、岛屿众多，居住人口密度较低的偏远岛屿、小型岛屿，解决偏远地区供电问题，同时微电网可以是城市社区、工业、商业及科技园区支持分布式能源利用的平台。微电网技术包含了电力电子控制、储能、能量优化等多方面的核心技术，中国在“十二五”已经建成30个微电网示范工程，且这些项目的技术问题已逐步解决。“十三五”期间，建成新能源微电网示范项目28个，已经具备了推广应用的技术条件
能源管理	1. 综合能源系统技术。综合能源系统技术目前处于不断研究阶段，相关技术不断深化。在中国，综合能源服务是电网公司服务转型的方向之一。综合能源服务基本上包含两层含义，即综合能源供应与综合能源服务。综合能源服务是一种新型的为满足终端客户多元化能源生产与消费的能源服务方式，涵盖能源规划设计、工程投资建设、多能源运营服务以及投融资服务等方面。在相关的系统中电网公司将不单销售能源商品，还同时销售能源服务，即由单一售电模式转为电、气、冷、热等的多元化能源供应和多样化增值服务模式。南方电网公司于2010年底成立了南方电网综合能源有限公司，开展综合能源服务；国家电网公司也于2017年10月宣告正式进入综合能源领域。 2. 多能系统能量管理技术。多能互补的协同调度优化与能量管理是系统规划和市场运行的基础。通过多个子系统的协同合作，以实现区域能源系统的经济和能效目标，并促进区域可再生能源的消纳。清华大学发布了第四代能量管理系统，称为“多能互补的综合能量管理系统”，主要是通过效益最大化的综合优化调度，在保障供能安全和优质的前提下，降低用能成本，提高能源服务系统的经济效益

技术标准体系的建立是促进可再生能源有序发展的重要基础之一。多能互补项目在业务模式、技术标准、建设流程、运维方式等方面与传统能源项目存在较大不同，推进多能互补集成优化技术相关标准的制、修订，明确多能互补系统的定义、范围及技术要求，制定相应的标准将有利于规范多能互补项目建设。

在大规模可再生能源场站设计、并网、运行控制方面，中国已经相应的形成了一系列的企业、行业、国家标准乃至国际标准，如 GB/T 33599—2017《光伏发电站并网运行控制规范》、GB/T 33589—2017《微电网接入电力系统技术规定》等，这些标准推动了能源建设的有序发展、有规可依，规范了多能互补相关技术发展的方向。这些标准随着技术的发展，还在不断的修订与重新制定过程中。

3.2.3.2 项目的经济性和商业模式

多能互补的经济性是决定多能互补系统能够持续发展的重要条件，主要涉及资源的合理利用、合适的商业模式以及有效的能源市场机制等。

多能互补经济性的获得依赖于资源禀赋的合理利用，从 2017 年首批多能互补集成优化示范工程项目的分布区域来看，风光水火储多能互补系统主要集中在可再生能源比较集中的张家口、内蒙古包头、四川、陕西、青海等地，煤炭、天然气、风能、太阳能资源比较丰富，也是可再生能源消纳问题严重的地区。

终端一体化集成供能系统利用包括在北京丽泽、合肥空港经济示范区、深圳低碳城、江苏高邮城南经济新区、武汉未来科技城等终端用能特征比较明显的科技与商业区。这些区域的多能互补建设是根据地域自然资源、负荷用能等实际情况有针对地立项建设，因而容易取得成功。

以苏州工业园区多能互补集成优化工程为例，苏州工业园区大负荷相对集中、冷热电等用能需求旺盛，用户类型相对单一，园区的各项能源基础设施相对比较完善，便于实现电力子网、燃气网和热力网的统一规划设计和运营管理。该示范工程建设了 2 个清洁能源中心、10 个分布式能源中心、100 个分布式能源以及 1000 辆电动汽车，形成了超过 100 万 kW 的清洁能源系统，充分利用地源热泵、沼气以及储能设备，风光等各类分布式可再生能源都得到了充分的利用。

商业模式的选择是解决多能互补投融资以及运营问题的关键。多能互补项目的投融资以及运营涉及商业模式，与传统能源投资运营不同，多能互补涉及的利益主体较多，较为复杂，因此，需要相适应的商业模式。在国内的多能互补系统建设过程，根据项目的情况采用了商业银行模式等，在一定程度解决了多能互补系统项目的资金需求和商业盈利问题。

近些年互联网的发展为商业模式的电子化、数字化提供了条件。以互联网为载体，合理的商业模式能够将能源系统中分散化的用户、差异化的能源、多元化的商业主体紧密联系起来，扩大市场成员的交互范围与频度，降低交易成本，显著提高市场成员参与能源交易的便利性与存在感。同时能够充分测量、采集、分析能源从生产到消费全流程丰富的数据信息，使得各个环节变得更加可观、可测和可控，使得用户对于自身的能源消费行为能够具有更加深刻的了解，系统运营商对于设备的运行状态能够具有更加准确的判断。表 3－5 总结了多能互补项目的商业模式。

表 3－5　　多能互补项目的商业模式

商业模式名称	商业模式介绍
BT 模式	即“建设—移交”，是政府通过特许协议授权企业对项目进行融资建设，项目建设验收合格后由政府赎回，政府用以后的财政预算资金向企业支付项目总投资加上合理回报。在 BT 模式中，项目发起人通过与投资者签订合同，由投资者负责项目的融资、建设，并在规定时限内将竣工后的项目移交项目发起人，项目发起人根据事先签订的回购协议分期向投资者支付项目总投资及确定的回报
BOT 模式	即“建设—经营—转让”的简称，以政府和能源企业之间达成协议为前提，由政府向能源企业颁布特许，允许其在一定时期内筹集资金建设某一基础设施并管理和经营该设施及其相应的产品与服务。在 BOT 模式中，项目发起人与服务商签订特许权协议，特许服务商承担工程投资、建设经营与维护，在协议规定的期限内，通过对项目的开发运营以及当地政府给予的其他优惠来回收资金以还贷，并取得合理的利润。特许期结束，服务商将固定资产无偿移交给政府
PPP 模式	公私合营模式（public private partnership，PPP），是指政府部门与社会投资者之间建立合作伙伴关系来提供多能互补项目的建设和相关服务的一种方式。PPP 模式是指政府部门吸收社会资本加入，共同将资金或资源投入多能互补项目，由社会投资者建设并运营该项目，并按合同比例共同获得收益的商业模式，但其运营时间有一定期限。此类商业模式用于大型基础设施建设与社会公共设施建设和相关服务
DBFO 模式	“设计—建造—融资—运营”（design-build-finance-operate，DBFO），是 PPP 的一种典型模式。在该模式下，政府制定公共服务的标准，能源企业据此设计、建造相应的设施来提供服务，并负责融资和运营。与此同时，政府作为服务的主要购买者，向能源企业支付使用费。运营期满，有关设施移交政府部门管理。在 DBFO 模式下，私人部门在设计、建造、融资、运营、维护等各个阶段都发挥着重要作用。DBFO 模式适用于供应商对基础设施/社会公共设施进行电能替代设计、建设、融资和运作/维护，并在一定期限内获得运行和维护收入。DBFO 商业模式的优势是供应商和政府部门共同承担项目风险，其商业模式的创新点在于其对私募融资的使用，以及设计/施工阶段与电能替代运作/维护阶段的捆绑。这就鼓励供应商以更节能高效的方式来设计和建设多能互补项目基础设施等。供应商除了要按预算来建设资产，在一定时期内还要高效地运作和维护这些资产，并且按合同比例获得收益，通常这个期限为 30～35 年

续表

商业模式名称	商业模式介绍
EMC 模式	合同能源管理（energy performance contracting，EMC）指由专业的节能服务公司通过能源服务合同，为客户企业提供节能服务、节能诊断、融资、改造等服务，并以节能效益分享方式回收投资和获得合理利润的一种市场化的节能服务机制。其实质就是以减少的能源费用来支付节能项目全部成本的节能业务方式。这种节能投资方式允许客户用未来的节能收益为工厂和设备升级，以降低运行成本；或者节能服务公司以承诺节能项目的节能效益或承包整体能源费用的方式为客户提供节能服务
配售一体化模式	配售一体化模式是指电网公司同时进行配电服务和售电服务的经营模式，这样模式运营下的电网公司不仅可以从售电业务中获得收益，同时还可以从配电网业务中获得配电收益。配售一体化电力公司由于拥有配电资源，更容易在售电市场上占据先机，成为保底售电公司，同时还可以积极利用配网资源开展售电增值服务，如合同能源管理、需求侧响应，并且还可利用客户资源参与电力辅助市场
供销合作社模式	供销合作社模式是指多家电网公司共同参与，将发电与售电相结合的合作运营模式。合作社社员拥有发电资源，通过供销合作的方式将电力直接销售给其他社员，同时售电公司获得的售电收入中的一部分将继续投入建设发电厂，以此达成发售双方共赢的局面。采取供销合作社模式的售电公司最大的优势在于可以获得优质的发电资源，特别针对那些分布式可再生能源发电站，通过集合分布式发电站，销售给纯绿色电力的售电公司，售电公司取得的一部分收益将投资或是分配给发电站，发电站就更愿意加入这种供销合作社模式，售电公司的购电成本也就能相对减少
零售和能源服务模式	零售和能源服务模式是指在电力体制改革中提出的开发售电侧市场，允许 5 类不同的市场主体成为售电公司的举措，从而在电力市场中形成“多买多卖”的竞争格局，使得售电成为一个新的商业模式。售电商可以面向用户提供稳定优惠的用电价格、个性化的服务套餐或者附加相应的增值信息，吸引汇集用户资源，并代理用户在电力市场中购入电能。售电商可以开发并向用户提供综合能源服务

3.2.3.3　政府引导机制

顶层政策设计在确立能源体系发展方向和多能互补发展过程中具有重要指引作用。如在国家发展改革委与国家能源局发布的《能源发展“十三五”规划》（发改能源〔2016〕2744 号）中明确指出“以智能高效为目标，加强能源系统统筹协调和集成优化，推动各类能源协同协调发展，大幅提升系统效率”“大力推广热、电、冷、气一体化集成供能，加快推进‘互联网+’智慧能源建设”。这些纲领性文件的出台，指明了当前及未来一段时期能源建设的方向，将多能互补纳入能源体系发展完善的手段之一，在一定程度指导了中国多能互补发展的进程。

另外，产业引导与扶持政策能够有力推动多能互补快速发展。如直接财政资金支持的研究与示范项目、融资政策、补贴政策、税收政策等。国家发展改革委与国家能源局发布《关于推进多能互补集成优化示范工程建设的实施意见》（发改能源〔2016〕1430 号）后，中国的多能互补建设项目明显增多，发展迅速，呈现出建设热潮。但是应当指出的是，在推出产业政策时应科学、合理、有序，才能避免因过热、盲目投资建设带来的局部过剩问题。

能源体制改革可以有效打破制约多能互补发展的壁垒。中国国内多能互补项目如雨后春笋般兴起，部分原因在于国家项目的支持、政府立项支持或者政策优惠措施的扶持，同时，另一部分原因在于政策的强力推进打破了电网企业、燃气公司、热力公司传统垄断格局，使得示范工程项目的建设得以顺利开展。通过多能互补项目，可以充分认识到仅依靠单一能源品种或沿用传统办法是难以持续提升能效、解决可再生能源消纳、实现能源转型的。发展多能互补需要通过改革消除的困难主要表现在：

（1）推进电改和气改，打破体制机制壁垒，还原能源的商品属性，在市场培育、充分竞争、准入和退出方面进行改革，统筹协调用能、供能、电（气、热）网等各方利益，努力营造良好的能源发展与建设政策环境、市场和监管机制，从而推动多能互补发展。

（2）改变供电、供气、供冷、供热等各种能源供应系统单独规划、单独设计和独立运行的既有模式，促进能源基础设施的互联互通，促进多种能源之间的相互转换、综合管理与协调利用，便于多能互补相关业务开展。

3.3 清洁高效燃煤发电政策

3.3.1 煤电节能降耗政策

进入 21 世纪，中国政府颁布了一系列煤电节能降耗政策。2006 年，在《中华人民共和国国民经济和社会发展第十一个五年规划纲要》中明确提出“十一五”期间以大型高效环保机组为重点，优化发展火电。建设大型超超临界电站和大型空冷电站。推进洁净煤发电，建设单机 60 万 kW 级循环流化床电站，启动整体煤气化燃气—蒸汽联合循环电站工程。鼓励发展坑口电站，建设大型煤电基地。适度发展天然气发电。加快淘汰落后的小火电机组。这一时期，超超临界机组在国内得到快速发展，火电建设向大容量、高参数、环保型方向发展。“十一五”期间，全国累计关停小火电 7683 万 kW。2007 年，国务院办公厅发布了《节能发电调度办法》（国办发〔2007〕53 号）。节能发电调度将按照节能、环保、经济的原则，以保障电力可靠供应为前提，优先调度风能、太阳能、海洋能、水能、生物质能、核能等清洁能源发电，对火电机组明确“火力发电机组按照供电煤耗等微增率的原则安排发电负荷”，即按照煤耗水平调度发电，煤耗低的多发、满发，煤耗高的机组少发或不发。在以煤电为主的电力结构下，发展高参数、高效率的煤电机组成为各大电力集团火电新建项目的首选。

截至 2010 年底，火电装机容量 7.1 亿 kW，所占比重下降到 73.44%（其中煤电装机容量比重下降到 67.79%）。全国在役火电机组中，30 万 kW 及以上机组比重提升到 72.7%，其中在运百万千瓦超超临界机组已经达到 31 台，中国成为世界上拥有超超临界机组最多的国家。

2014 年国务院发布《能源发展战略行动计划（2014～2020 年）》（国办发〔2014〕31 号），提出“提高煤电机组准入标准，新建燃煤发电机组供电煤耗低于每千瓦时 300 克标准煤”“实施煤电升级改造行动计划。实施老旧煤电机组节能减排升级改造工程，现役 60 万 kW（风冷机组除外）及以上机组力争 5 年内供电煤耗降至每千瓦时 300g 标准煤左右。”为落实该行动计划，同年国家发展改革委、生态环境保护部、国家能源局联合下发《煤电节能减排升级与改造行动计划（2014～2020 年）》（发改能源〔2014〕2093 号），文件中明确：

（1）全国新建燃煤发电机组平均供电煤耗低于 300g 标准煤/kWh（简称“g/kWh”）。

（2）到 2020 年，现役燃煤发电机组改造后平均供电煤耗低于 310g/kWh，其中现役 60 万 kW 及以上机组（除空冷机组外）改造后平均供电煤耗低于 300g/kWh。

（3）新建燃煤发电项目（含已纳入国家火电建设规划且具备变更机组选型条件的项目）原则上采用 60 万 kW 及以上超超临界机组，100 万 kW 级湿冷、空冷机组设计供电煤耗分别不高于 282、299g/kWh，60 万 kW 级湿冷、空冷机组分别不高于 285、302g/kWh。

（4）30 万 kW 及以上供热机组和 30 万 kW 及以上循环流化床低热值煤发电机组原则上采用超临界参数。对循环流化床低热值煤发电机组，30 万 kW 级湿冷、空冷机组设计供电煤耗分别不高于 310、327g/kWh，60 万 kW 级湿冷、空冷机组分别不高于 303、320g/kWh。

（5）加快淘汰以下火电机组：单机容量 5 万 kW 及以下的常规小火电机组；以发电为主的燃油锅炉及发电机组；大电网覆盖范围内，单机容量 10 万 kW 级及以下的常规燃煤火电机组、单机容量 20 万 kW 级及以下设计寿命期满和不实施供热改造的常规燃煤火电机组；污染物排放不符合国家最新环保标准且不实施环保改造的燃煤火电机组。鼓励具备条件的地区通过建设背压式热电机组、高效清洁大型热电机组等方式，对能耗高、污染重的落后燃煤小热电机组实施替代。2020 年前，力争淘汰落后火电机组 1000 万 kW 以上。

（6）重点对 30 万 kW 和 60 万 kW 等级亚临界、超临界机组实施综合性、系统性节能改造，改造后供电煤耗力争达到同类型机组先进水平。20 万 kW 级及以下纯凝机组重点实施供热改造，优先改造为背压式供热机组。力争 2015 年前完成改造机组容量 1.5 亿 kW，“十三五”期间完成 3.5 亿 kW。

（7）实行煤电节能减排与新建项目挂钩。能效和环保指标先进的新建燃煤发电项目优先纳入各省（区、市）年度火电建设方案。

《能源发展“十三五”规划》明确提出“2020 年煤电机组供电煤耗控制在每千瓦时 310g 以下，其中新建机组控制在 300g 以下”的煤耗控制目标。

3.3.2 煤电环保排放政策

近年来，中国对火电厂（燃煤电厂）的环保排放要求随着经济社会发展也越来越高。在 GB 13223—2003《火电厂大气污染物排放标准》中，要求 2004 年 1 月 1 日后建设的常规燃煤电厂烟尘排放控制在 $50mg/Nm^3$，二氧化硫排放控制在 $400mg/Nm^3$，燃料挥发分大于 20%的氮氧化物控制在 $450mg/Nm^3$ 以内（挥发分在 10%至 20%之间执行 $650mg/Nm^3$，挥发分小于 10%的执行 $1100mg/Nm^3$），氮氧化物预留烟气脱氮氧化物的装置空间。

2012 年，GB 13223—2011《火电厂大气污染物排放标准》发布，火电厂污染物控制标准提高，常规燃煤机组烟尘排放控制在 $30mg/Nm^3$，二氧化硫排放控制在 $100mg/Nm^3$，燃料挥发分大于 20%的氮氧化物控制在 $100mg/Nm^3$。在此标准的推动下，火电机组开始大规模环保改造，加装更好的除尘、脱硫、脱硝装置，降低烟气污染物排放值。

在《煤电节能减排升级与改造行动计划（2014～2020 年）》中，对火电厂的污染物排放提出了更高要求：到 2020 年，东部地区新建燃煤发电机组大气污染物排放浓度基本达到燃气轮机组排放限值，中部地区新建机组原则上接近或达到燃气轮机组排放限值，鼓励西部地区新建机组接近或达到燃气轮机组排放限值。东部地区现役 30 万 kW 及以上公用燃煤发电机组、10 万 kW 及以上自备燃煤发电机组以及其他有条件的燃煤发电机组，改造后大气污染物排放浓度基本达到燃气轮机组排放限值。

《能源生产与能源消费战略（2016～2020）》提出“2020 年超低排放改造目标：全面实施燃煤电厂节能及超低排放升级改造，坚决淘汰关停落后产能和不符合相关强制性标准要求的燃煤机组。到 2030 年，煤炭用于发电的比重不断提高，燃煤电厂平均供电煤耗进一步降低，超低污染物排放煤电机组占全国 80%以上”。实际上，截至 2017 年底，全国累计完成超低排放改造煤电机组 7 亿 kW，占煤电装机比重达到 71%。

煤电厂大气污染物排放标准或要求发展历程见表 3－6。

表 3－6　　煤电厂大气污染物排放标准或要求发展历程　　mg/Nm^3

时间	标准名称	燃煤机组浓度限值要求（mg/Nm^3）		
		烟尘	SO_2	NO_x
1973 年	GBJ 4—1973《工业“三废”排放标准（试行）》	无要求	无要求	不涉及
1991 年	GDJ 13223　1991《燃煤电厂大气污染物排放标准》	600	无要求	不涉及
1996 年	GBJ 13223—1996《火电厂大气污染物排放标准》	200	1200	650
2003 年	GBJ 13223—2003《火电厂大气污染物排放标准》	50	400	450
2011 年	GBJ 13223—2011《火电厂大气污染物排放标准》	30（20*）	100（50*）	100
2014 年	煤电节能减排升级与改造行动计划（2014～2020 年）	10（5）	35	50

* 重点地区执行该标准。

表 3-7 对世界主要煤电国家现行大气污染物排放限值标准进行了对比，目前中国是世界上燃煤常规污染物排放标准最严的经济体。

表 3-7　　世界主要煤电国家现行大气污染物排放限值标准对比　　mg/m^3

国家	SO_2		NO_x		PM	
	现役	新建	现役	新建	现役	新建
中国	50	50	50	35	50	10
欧盟	200～400	150～400	200～450	150～400	20～30	10～20
美国	160～640	160	117～640	117	23	23
印度	200～600	100	300～600	100	50～100	30
印尼	750	750	850	750	150	100
日本	—	—	123～513	123～513	30～100	30～100
菲律宾	1000	200	1000	500	150	150
韩国	286	229	308	164	40	20～30
泰国	700	180	400	200	80～320	80
越南	1500	500	1000	650	400	200

数据来源：中国数据来源于《全面实施燃煤电厂超低排放和节能改造工作方案》（环发〔2015〕164 号）；其他经济体数据来源于 IEA　*World Energy Outlook Special Report 2016 Energy and Air Pollution.*

3.3.3　淘汰落后产能政策

2016 年 11 月，国家发展改革委、国家能源局发布《电力发展“十三五”规划》，规划明确将“严格控制煤电规划建设”，并制订了多项相关目标：“十三五”期间，取消和推迟煤电建设项目 1.5 亿 kW 以上；到 2020 年，全国煤电装机规模力争控制在 11 亿 kW 以内，占比降至约 55%；“十三五”期间，力争淘汰落后煤电机组约 2000 万 kW。

2017 年 7 月，国家发展改革委、工业和信息化部、财政部、人力资源社会保障部、自然资源部、生态环境部、住房和城乡建设部、交通运输部、水利部、人民银行、国资委、质检总局、安全监管总局、统计局、银监会、能源局等16部委印发《关于推进供给侧结构性改革防范化解煤电产能过剩风险的意见》（发改能源〔2017〕1404号），该意见的目标是："十三五"期间，全国停建和缓建煤电产能1.5亿kW，淘汰落后产能0.2亿kW以上；到2020年，全国煤电装机规模控制在11亿kW以内。

3.4　生物质能发展政策

"十二五"时期，中国生物质能产业发展较快，开发利用规模不断扩大，生物质发电和液体燃料形成一定规模。生物质成型燃料、生物天然气等均得到发展。根据国家《能源发展"十三五"规划》和《可再生能源发展"十三五"规划》，2016年10月28日，国家能源局颁布了《生物质能发展"十三五"规划》。规划分析了国内外生物质能发展现状，阐述了"十三五"时期中国生物质能产业发展的指导思想、基本原则、发展目标、发展布局和建设重点，提出了保障措施，是"十三五"时期中国生物质能产业发展的基本依据。规划中指出了大力推进生物质冷热电多联产、生物质锅炉、生物质与其他清洁能源互补系统等在当地用户侧直接替代燃煤，截至2020年，生物质成型燃料年利用量3000万t。积极推动生物质成型燃料在商业设施与居民采暖中的应用。积极推动在城镇商业设施及公共设施中的应用。结合农村散煤治理，在政策支持下，推进生物质成型燃料在农村炊事采暖中的应用。此外，生物质发电装机要达到1500万kW。

2017年9月，住房城乡建设部、国家发展改革委、财政部、能源局印发《关于推进北方采暖地区城镇清洁供暖的指导意见》（建城〔2017〕196号）中指出，大力推进风能、太阳能、地热能、生物质能等可再生能源供暖项目。加快推进生物质成型燃料锅炉建设，为城镇社区和农村清洁供暖。

在2017年底，中国政府部门颁布了一系列与生物质能源产业相关的政策文件。其中，由国家十部委编制的《北方地区冬季清洁取暖规划（2017～2021）》（发改能源〔2017〕2100号）和国家发展改革委、国家能源局联合下发的《关于促进生物质能供热发展指导意见的通知》（发改能源〔2017〕2123 号）均与生物质能供热紧密相关。清洁取暖规划提出大力发展县域农林生物质热电联产，加快发展生物质锅炉供暖，鼓励利用农林剩余物或其加工形成的生物质成型燃料，在专用锅炉中清洁燃烧用于供暖。在农村地区，大力推进生物质成型燃料替代散烧煤。对于偏远山区等暂时不能通过清洁供暖替代散烧煤供暖的，要重点利用“洁净型煤+环保炉具”“生物质成型燃料+专用炉具”等模式替代散烧煤供暖。

3.5 储能发展政策

中国在储能产业的战略布局可以追溯至 2005 年出台的《可再生能源产业发展指导目录》（发改能源〔2005〕2517 号），氧化还原液流储能电池、地下热能储存系统位列其中。早期的政策支持主要集中在对电池材料及技术的科研经费支持和技术验证。主要是从科技项目和应用推广的角度推动储能的发展。之后随着储能的进步与市场应用，中国政府颁布了一系列电改和能源政策，对储能在电力市场环境及规则进行了修订，对储能的应用机会和获利渠道进行了规范。

2010 年储能行业发展首次被写入当时颁布的《可再生能源法修正案》，其中第十四条中规定“电网企业应发展和应用智能电网、储能技术”。《“十三五”国际战略性新兴产业发展规划》《可再生能源发展“十三五”规划》《能源发展创新“十三五”规划》等都将储能作为重点研究和发展领域之一。截至 2017 年，中国储能呈现多元发展，技术总体上已经初步具备了产业化的基础。2017 年 10 月 11 日，大规模储能技术及应用发展的首个指导性政策《关于促进储能产业与技术发展的指导意见》（发改能源〔2017〕1701 号）发布。指导意见指出了未来 10 年内分两个阶段推进相关工作，第一阶段（主要为“十三五”期间）实现储能由研发示范向商业化初期过渡；第二阶段（主要为“十四五”期间）实现商业化初期向规模化发展转变。

随着电力市场改革的进一步深化，电力辅助服务市场成为改革的热点和重点，储能作为手段之一，出现在越来越广泛的电力辅助服务市场应用中。在调频、调峰、备用电源、黑启动等多种辅助服务当中，参与调频服务市场的部分企业获得了一定的经济性。在早期项目 4 年左右的投资回报的吸引下，辅之以地方辅助服务市场建设政策的相继出台，更多企业于 2018 年进入调频辅助服务领域，形成了有效的市场竞争环境。

第4章

能源技术与发展

4.1 风 力 发 电

风力发电机按照风轮轴的安装形式，分为水平轴风力发电机组和垂直轴风力发电机组，其中水平轴风力发电机组是目前世界上利用最多的，功率最大 5MW 左右。风力发电机根据桨矩控制方式、发电机功率进行分类，风力发电机的分类如图 4－1 所示。其中，按照电机类型可以划分为异步机型和同步机型两类，按照功率进行划分可以分为微型、小型、中型和大型风力机组。目前，大型风电场采用的主力发电机组为双馈、直驱两类。

- 风力发电机分类
  - 根据电机类型不同
    - 异步
      - 笼型异步发电机
        - 笼型单速异步发电机
        - 笼型双速异步发电机
      - 绕线式双馈异步发电机
    - 同步
      - 永磁同步发电机
      - 电励磁同步发电机
  - 根据电机功率不同
    - 微型风力发电机
    - 小型风力发电机
    - 中型风力发电机
    - 大型风力发电机

图 4－1　风力发电机的分类

风力发电机的输出功率由风场的风速决定，风电是一种波动不稳定的能源，如果没有储能装置或与其他发电装置互补，风力发电装置本身难以提供连续稳定的电能输出。为了提高电网容纳可再生能源的比例并保持电网的安全稳定运行，一方面电网需要增加抽水蓄能电站、快速启动的燃气电站建设，另一方面风电场要装备本地储能设备和增加机组控制能力，满足电网各种运行状态下（正常、故障、暂态、动态）电网安全稳定运行要求对应于风力发电机组的规模，通常有三种应用方式：

（1）大、中型风力发电机组（100kW 以上）与电力网并网运行，依靠大系统支撑实现风电最大限度的并网发电。

（2）小型风力发电机（10～100kW）与柴油发电机或其他发电装置并联互补运行。

（3）微型风力发电机（10kW 以下）主要采用交流或直流发电系统并配合蓄电池储能装置独立运行。

大规模风电机组并网主要面临的问题是风电机组的波动性和不可控性较强，系统调峰、调频难度较大，容易造成系统电压和频率失稳，抗扰动能力急剧下降。同时，风电场多处于电网末端，大规模接入，容易受到线路传输容量的限制。目前，国内开展的相关标准和研究如下：

（1）风电并网技术标准。国内风电并网技术标准处在不断修订过程中，主要技术标准包括 GB/T 19963—2011《风电场接入电力系统技术规定》、GB/T 18451.2—2012《风力发电机组功率特性试验》、GB/T 20320—2013《风力发电机组电能质量测量和评估方法》。这些标准分别针对风电机组并网接入、机组性能要求以及供电电能质量提出了具体要求与规范。

（2）风电机组并网调度控制技术。其主要解决的是并网后风电机组的有功功率控制、无功控制调节、计划发电以及风电机组参与电网调频、调压等。

（3）风电机组低电压穿越技术。当接入的电力系统发生故障时，风电场需要继续运行从而为电力系统提供无功支撑，一定时间的故障低电压穿越能力是保证风电机组并网的必要条件。

（4）其他相关技术。风电机组并网还涉及电能质量治理技术、建模与并网仿真技术、稳定性分析与抗扰动技术以及电压控制技术等。

1984 年，国家计委启动中国首台国产风机设计制造，该机组单机容量只有 55kW。1993 年 4 月，中国生产出第一台国产 200kW 机组。这两台试验机组都在福建平潭并网。截至 1999 年底，中国投运风电机组 594 台、26.2 万 kW，其中国产机组只有 29 台、0.84 万 kW，容量只占全国的 3.2%，平均单机容量不到 300kW。进口风机的垄断，居高不下的机组采购价格，导致中国风电产业化发展举步维艰。

1999 年，新疆风能公司通过引进、消化国外大型风机先进技术，研制出 600kW 风电机组，国产化率达到 90%以上，并投入达坂城 1 号风电场运行，主要经济指标达到国际 20 世纪 90 年代先进水平，为此后国产化风电机组的规模化生产奠定了基础。

2006 年以后，国际知名风机制造商纷纷加大在中国的投资力度，丹麦的维斯塔斯、西班牙的歌美飒公司、美国通用电气公司（GE）、西班牙纳瓦拉水电能源集团（EHN）分别在天津、沈阳、南通建厂。同时，华锐、金风、联合动力、远景、明阳等一大批本土风机制造企业迅速崛起壮大。2007 年新增风电装机中，国产设备占比已达到 55.9%，首次超过外资设备；截至 2009 年，国产化率已达 85%以上，1500、2000kW 机组基本实现国产化，取代进口机组成为国内主流机型。

2010 年以后，国产陆上 2000kW 以上、海上 4000kW 等多种机型先后问世，并大批量生产投入市场，满足了中国风电快速增长的需求。在 2017 年中国新增风电装机中，本土设备占比超过 90%。风机设备国产化进程带来了机组采购价格的迅速下降，从 2006 年的 6000 元/kW，下降到目前的 3000 多元/kW，使中国风电规模化发展成为可能。

4.2　太　阳　能

4.2.1　光伏发电

光伏发电是利用太阳光的能量进行发电，太阳能光伏发电是由半导体材料制成的光电池利用光电效应，直接将太阳能转换为电能的一种形式。光伏发电系统是指将太阳光能转换成电能的整套系统，称为太阳光电系统或光伏发电系统，该系统有独立型、并联型与混合型。

不论是独立使用还是并网发电，光伏发电系统主要由光伏组件、控制器和逆变器三大部分组成，它们主要由电子元器件构成，不涉及机械部件，所以光伏发电设备极为精炼，可靠稳定、寿命长、安装维护简便。理论上讲，光伏发电技术可以用于任何需要电源的场合，上至航天器，下至家用电源，大到兆瓦级电站，小到玩具，光伏电源可以无处不在。

（1）太阳能光伏发电系统的组成。太阳能发电系统由光伏组件、太阳能控制器、蓄电池（组）组成。如输出电源为交流 220V 或 110V，还需要配置逆变器。其中各部分的作用如下：

1）光伏组件。太阳能发电系统中的核心部分，也是太阳能发电系统中价值最高的部分。其作用是将太阳能转化为电能，或送往蓄电池中存储起来，或推动负载工作。光伏组件的质量和成本将直接决定整个系统的质量和成本。

2）太阳能控制器。控制系统的工作状态，并对蓄电池起到过充电保护、过放电保护。在温差较大的地方，合格的控制器还应具备温度补偿的功能。其他附加功能如光控开关、时控开关都应当是控制器的可选项。

（2）光伏组件的分类。光伏发电的最基本元件是太阳电池（片），根据所用材料的不同，可分为硅太阳能电池、多元化合物薄膜太阳能电池、聚合物多层修饰电极型太阳能电池、纳米晶太阳能电池、有机太阳能电池，其中硅太阳能电池目前发展最成熟，在应用中居主导地位。

（3）光伏电站的大小分类。综合考虑不同电压等级电网的输配电容量、电能质量等技术要求，低中高电压等级接入的光伏电站如下：

1）接入电压等级为 0.4kV 低压电网的光伏电站，称为小型光伏电站，其中小型光伏发电站的装机容量一般不超过 200kW。

2）接入电压等级为 10～35kV 电网的光伏电站，称为中型光伏电站。

3）接入电压等级为 66kV 及其以上电网的光伏电站，称为大型光伏电站。

光伏发电并网结构示意图如图 4－2 所示，主要包括光伏阵列和 DC/DC 升压 Boost 电路、三相逆变器模块、LC 并网滤波器等环节。

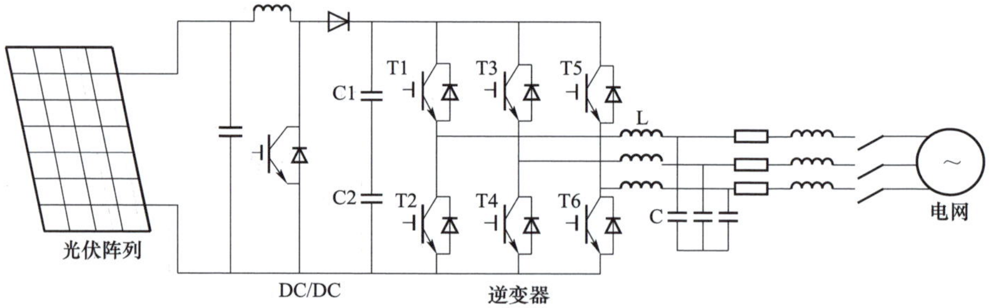

图 4－2　光伏发电并网结构示意图

光伏系统带来的主要问题包括出力功率大范围随机波动、谐波污染、电压闪变、无功以及接入点电压抬升等问题。国内外开展的并网技术研究较多，主要包括以下几个方面：

（1）光伏并网技术标准。国内的光伏并网技术标准主要有 GB/T 19964—2012《光伏发电站接入电力系统技术规定》、GB/T 29319—2012《光伏发电站无功补偿技术规范》、GB/T 50797—2012《光伏发电站设计规范》等，分别对光伏电站的接入提出了具体的技术要求。

（2）光伏最大功率跟踪技术。光伏组件的最大功率跟踪技术是一种比较常见的运行控制方式，主要包括电导增量法、扰动观察法、爬山法等，通过最大功率跟踪，能够保持光伏组件输出功率运行在最大值，从而提升光伏的利用率。

（3）其他相关技术。主要包括光伏接入后的针对电压闪变、电压不平衡、谐波等电能质量治理技术、光伏运行监控技术、光伏并网后的无功补偿技术、光伏孤岛检测技术等。

2005 年以前，中国多晶硅生产几乎完全依赖进口。“十一五”后期，光伏产业也逐步进入大规模开发进程。2007 年以前，中国光伏产业还处于示范阶段，2006 年全国光伏发电装机仅 8 万 kW。2009 年以后，两期特许权招标大大加快了集中式光伏电站开发进程，“金太阳”和“光电建筑”工程推动了分布式光伏市场。2009 年到 2012 年，中国光伏装机连续 4 年同比增长超过 100%，其中 2010 年和 2011 年超过 200%。凭借在半导体设备制造领域丰富的技术积累，中国在光伏设备制造领域很快实现突破。“十二五”以来，光伏产业继续保持高速增长势头。经过多年发展，国产设备技术能力已经达到世界领先水平，目前已基本实现国产化。本土光伏设备不仅满足了国内大规模开发的需求，同时广泛出口海外，中国已成为世界第一大光伏设备生产国。2020 年，中国多晶硅产量 39.2 万 t，电池片产量 161.3GW，组件产量 124.6GW，产业各环节生产规模全球占比均超过 50%。光伏产业化技术水平达到世界先进，晶硅电池平均转换效率不断提高，2020 年，规模化生产的 P 型单晶电池均采用 PERC 技术，平均转换效率达到 22.8%；采用 PERC 技术的黑硅多晶电池片转换效率达到 20.8%；常规黑硅多晶电池 2020 年转换效率约 19.4%。2020 年，中国地面光伏系统的初始全投资成本约为 3.99 元/W；2020 年，中国工商业分布式光伏系统初始投资成本为 3.38 元/W；电站运维是太阳能光伏发电系统运行维护的简称，是以系统安全为基础，通过预防性维护、周期性维护以及定期的设备性能测试等手段，科学合理地对电站进行管理，以保障整个电站光伏发电系统的安全、稳定、高效运行，从而保证投资者的收益回报，也是电站交易、再融资的基础。2020 年，分布式光伏系统每年的运维成本为 0.054 元/W，集中式地面电站每年的运维成本为 0.046 元/W。

4.2.2 太阳能热利用

太阳能热利用技术相对较为成熟，主要包括太阳光直接制热利用以及太阳能热发电技术两个方面。

（1）太阳光能直接制热技术。太阳光能可以通过平板集热器、热泵等直接转换为热能，如表 4–1 所示，常见的太阳能直接制热利用有太阳能热水器、太阳能采暖、太阳能热泵、太阳能空气集热器等。

表 4–1　　典型太阳能直接制热利用方式

典型太阳能热利用方式	用途
太阳能热水器	供应生活及生产用热水
太阳能采暖	生活供暖
太阳灶	供热、烹制食物
太阳能热泵	供暖、供热等
太阳能空气集热	供暖、热水、热气等

中国在太阳能热利用技术方面利用时间较早、范围较大，相关技术较为成熟。太阳能热利用行业形成了从技术研发、材料、产品、工艺、装备和制造全产业链工业化生产模式。根据《中国太阳能热利用行业运行状况报告》，截至 2018 年底，中国太阳能热利用集热器面积保有量达到 48 233 万 m^2，年节约标准煤能力已达 7231 万 t。“十二五”以来，中国在太阳能采暖、太阳能空调、太阳能工农业领域应用等也取得了突破。同时，制定了 50 多项国家标准、20 多项行业标准，负责制定多项国际标准，在国际标准化组织中的话语权显著提高。中国太阳能热利用行业市场应用分布在家用太阳能热水、公共建筑太阳能热水、建筑采暖制冷和工农业生产供热领域，多元化应用的局面开始展现。在家用太阳能生活热水领域，紧凑式家用太阳能热水系统产品销量有明显下降，平板型分体家用太阳能热水系统产品上升；在公

共建筑太阳能热水领域，与建筑结合的工程系统稳定增长；从市场应用量看，太阳能热利用行业还是以热水为主，其他领域供热的规模还正在发展中。

（2）太阳能热发电技术。太阳能热发电是利用太阳能作为热源来作为发电系统，通过聚光器将低密度的太阳能聚集成高密度的能量，经由传热介质将太阳能转化为热能，通过热力循环做功实现电能的转换。主要的形式包括槽式光热发电技术、塔式光热发电、碟式光热发电等。

槽式太阳能热发电站的关键设备包括聚光器、吸热管和储热器。可通过多个聚光—吸热装置的串、并联组合，构成较大容量的光热发电系统。槽式光热发电系统的热传递回路长、热损耗大，系统综合效率较低，为 11%～15%，但结构简单、成本较低。

太阳能塔式热发电系统主要由聚光子系统、集热子系统、蓄热子系统、发电子系统构成，在大面积的场地上安装多台大型太阳能反射镜，通过跟踪机构准确地将太阳光反射集中到一个高塔顶部的接受器上，在接受器上把吸收的太阳光能转化成热能，再将热能传给介质，经过蓄热环节，再输入热动力机推动发电机。

碟式光热发电系统是利用抛物面聚光原理制成的一种利用光热来发电的系统，主要由碟式聚光器、斯特林发电机和传动系统。通过把照射到抛物面上的阳光，汇聚到焦点，推动斯特林发电机往复运动，将热能转化成机械能。斯特林发电机带动发电机运转，将机械能转变为电能输出。

根据国家太阳能光热产业技术创新战略联盟统计，2019 年全球新增太阳能热发电装机容量 482.6MW，累计装机容量达到 6590MW，其中，中国太阳能热发电新增和累计装机容量分别占比 41%和 6%。西班牙太阳能热发电装机容量仍居世界首位，其次是美国。2019 年，中国共有 4 座太阳能热发电站并网发电，总装机容量 200MW，占全球新增装机容量的 6%。截至 2019 年底，中国并网发电的太阳能热发电站达到 9 座，分别为浙江中控德令哈 10MW 塔式电站、首航节能敦煌 10MW 塔式电站、中广核德令哈 50MW 槽式电站、首航节能敦煌 100MW 塔式电站、青海中控德令哈 50MW 塔式电站、中电建共和 50MW 塔式电站、鲁能格尔木 50MW 塔式电站、中电哈秘密 50MW 塔式电站以及兰州大成敦煌 50MW 线性菲涅尔电站，总装机容量 420MW。

4.3 清洁高效燃煤发电

4.3.1 清洁高效燃煤发电技术

当前国际上清洁高效燃煤发电技术主要涵盖三个发展方向：一是提高煤炭的能源利用效率，二是降低发电机组的污染物排放，三是降低碳排放强度。具体而言，包括以下几个技术方向：

（1）高参数、大容量的燃煤发电技术。以600MW机组为例，超临界机组比亚临界机组的煤耗下降14g/kWh，而超超临界机组比超临界机组煤耗又下降11g/kWh。近年来，中国在推动高参数、大容量清洁燃煤发电技术方面取得了显著的进步，百万等级超超临界清洁高效煤电机组数量超过百台套。以二次再热为代表高效燃煤发电技术近年来也得到进一步发展，除美国、日本、丹麦外，百万等级超超临界机组二次再热技术在中国的国家能源集团泰州电厂、华能集团安源电厂和莱芜电厂进行了实践应用，并取得积极成果。630℃二次再热超超临界技术目前正在大唐郓城2×1000MW项目开展示范。当前国际最前沿的700℃超超临界发电技术的发电效率接近50%，相比目前常规600℃超超临界技术的发电效率提升4个百分点，相关方面的技术研究工作在进行中。

（2）循环流化床发电技术。循环流化床（CFB）发电技术具有清洁高效、污染物排放量低、燃料适应性广、负荷调节范围大以及灰渣易于综合利用等优点，是劣质燃料大规模利用的有效途径，同时可低成本控制污染物排放。但与常规燃煤发电相比，CFB锅炉设备利用率和效率偏低，同时在实现污染物超低排放方面难度较大，这也是未来CFB技术进一步发展的方向。随着中国国家能源集团白马600MW超临界循环流化床机组的成功示范，目前循环流化床发电技术已全面进入超临界发展阶段，2016年以来一批350MW等级超临界循环流化床机组陆续在中国投入商业运行。基于炉内脱硫和低氮燃烧的超低排放循环流化床锅炉技术也在开展相关实践。

（3）热电联产技术。热电联产是采用不同类型的化石能源或可再生能源，在统一的作业环节实现电力、热力联合生产的技术。以热电联产机组供热替代分散的、小容量的燃煤锅炉供热，可以在提高供热能源利用效率的同时，降低污染物排放水平。

（4）燃煤发电污染控制技术。污染物控制技术包括燃烧前、燃烧中和燃烧后控制技术。燃烧前主要包括煤的洗选技术和煤热解/气化技术；燃烧中主要包括低氮燃烧技术、炉内固硫技术，以 CFB 机组为代表；燃烧后包括脱硫、脱硝和除尘等技术，目前通过燃烧后控制技术，燃煤发电的烟尘、二氧化硫和氮氧化物排放可达到天然气发电机组的排放控制标准，以超低排放技术应用为代表，即超低排放即在基准氧含量 6%条件下，烟尘、SO_2、NO_x 排放浓度分别不高于 10、35、50mg/m^3。在燃煤发电燃烧后污染物控制方面，截至 2017 年底，中国通过推动环保改造已有超过 7 亿 kW 装机规模的煤电机组达到超低排放标准的要求。

（5）IGCC 和煤基多联产技术。整体煤气化联合循环（IGCC）发电技术及煤基多联产技术是一种综合考虑资源、能源和环境效益的综合能源系统。目前世界上已投运数套 IGCC 示范电站，美国、德国、日本等发达经济体和中国均开展了 IGCC 和煤基多联产技术应用示范研究工作，中国华能集团天津 IGCC 示范项目也于 2012 年建成投产。受项目经济性、可靠性等因素的影响，目前 IGCC 项目商业化的前景尚未明朗，该技术与常规燃煤发电技术相比，尚不具备商业竞争力。在碳减排和碳市场的发展形势下，未来 IGCC 项目由于其在二氧化碳减排方面的优势，仍存在一定的发展空间。

4.3.2　中国清洁高效煤电技术的开发和应用

4.3.2.1　超超临界燃煤发电

超超临界发电机组是指蒸汽压力 25MPa（超临界为 22.12MPa）、温度 580℃以上的超高参数燃煤火力发电机组，其发电效率为 43.8%～45.4%。1992 年，中国开始引进技术兴建超临界燃煤发电机组，1992 年 6 月 12 日，国内第一台引进技术的超临界燃煤机组在石洞口第二发电厂投入运行，装机容量为 600MW。2004 年首台国产超临界机组在华能沁北电厂投产，科技部又将超超临界燃煤发电技术列入“十五”863 项目，极大促进了 600℃/600℃一次再热超超临界机组的引进和消化吸收。国内主机厂通过不同的合作方式引进、消化并吸收国外技术，逐步实现了超超临界机组的国产化。中国首台国产百万等级一次再热机组于 2006 年 11 月在华能玉环电厂投产。

二次再热技术是公认的一种可以提高煤电机组效率的有效方法。与一次再热相比，二次再热是在一次再热基础上增加一再热过程，提高发电循环的平均吸热温度，从而提高发电效率。国内三大电气集团自 2010 年相继启动了二次再热技术的研发工作。“十二五”期间，国家能源局正式批准了华能安源电厂、国家能源集团泰州电厂和华能莱芜电厂建设超超临界二次再热高效燃煤发电项目。国内首台二次再热发电机组于 2015 年 6 月在华能安源电厂投产，机组容量 660MW，汽轮机进汽参数为 31MPa/600/620/620℃。2015 年 9 月，中国 1000MW 超超临界二次再热燃煤发电示范项目国家能源集团泰州电厂二期 3 号机组顺利通过 168h 连续满负荷试运行，汽轮机进汽参数为 31MPa/600℃/610℃/610℃。2015 年 12 月，华能莱芜电厂三期 6 号机顺利投产，世界上参数最高的 1000MW 超超临界二次再热燃煤机组由此诞生，其汽轮机进汽参数为 31MPa/600℃/620℃/620℃。目前中国已是世界上 1000MW 超超临界机组发展最快、数量最多、容量最大和运行性能最先进的国家，机组数量 2017 年底为 103 台。其中泰州电厂的 1000MW 超超临界二次再热机组的发电效率已达到 47.8%，中国超超临界二次再热技术已经处于世界领先水平。中国超临界、超超临界机组供电煤耗如图 4－3 所示。

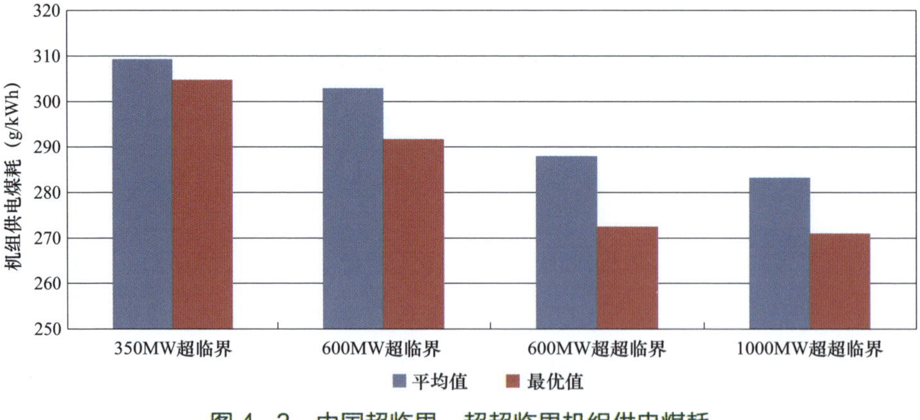

图 4－3 中国超临界、超超临界机组供电煤耗

（数据来源：中国电力企业联合会）

2019 年国家能源局和中国电力企业联合会联合发布的电力可靠性报告数据显示，计入统计的 91 台 100 万 kW 等级燃煤机组运行系数 78.3%，等效可用系数 92.72%，非计划停运次数 0.42 次/台年，等效强迫停运率 0.2%。2013～2017 年中国 100 万 kW 等级燃煤机组可靠性情况如表 4－2 所示。

表 4－2　　中国 100 万 kW 等级燃煤机组可靠性情况（2013～2017 年）

年份	统计台数	运行系数（%）	等效可用系数（%）	等效强迫停运率（%）	非计划停运次数（次/台年）
2013	53	88.64	92.03	0.36	0.69
2014	60	83.13	90.91	0.26	0.44
2015	67	78.82	91.24	0.52	0.23
2016	80	75.77	91.61	0.18	0.33
2017	91	78.30	92.72	0.2	0.42
2018	99	80.46	92.60	0.52	0.6
2019	109	92.42	—	—	0.35

注　数据来源于《2017 年全国电力可靠性年度报告》《2018 年全国电力可靠性年度报告》《2019 年全国电力可靠性年度报告》。

中国电力企业联合会《中国电力行业年度发展报告 2018》发布的发电机组能效对标结果显示，74 台 100 万 kW 等级超超临界湿冷机组平均供电煤耗为 282.39g/kWh，平均厂用电率为 3.9%，发电综合耗水率为 0.72kg/kWh。中国 60 万 kW 及以上超（超）临界机组能效指标统计如表 4－3 所示。

表 4－3　　中国 60 万 kW 及以上超（超）临界机组能效指标统计

机组类别	机组台数	机组容量（万 kW）	供电煤耗（g/kWh）	厂用电率（%）	发电综合水耗率（kg/kWh）
100 万 kW 级超超临界湿冷	74	7574	282.39	3.9	0.72
100 万 kW 级超超临界空冷	2	200	298.43	5.88	0.34
60 万 kW 级超超临界湿冷	59	3882	287.72	4.15	1.08
60 万 kW 级超超临界空冷	7	528	301.25	5.1	0.36
60 万 kW 级超临界湿冷	133	9132	301.89	4.76	1.12
60 万 kW 级超临界空冷	45	2937	315.78	6.48	0.45

注　数据来源于 2018 中国电力企业联合会《中国电力行业年度发展报告 2018》。

4.3.2.2 循环流化床发电

循环流化床（CFB）是近年来在国际上发展起来的新一代高效、低污染清洁燃烧技术。与其他燃烧方式相比，其具有下列优点：

1）循环流化床锅炉炉内属于低温燃烧，因此氮氧化物排放远低于煤粉炉。同时可实现燃烧中直接脱硫，脱硫效率高且技术设备简单和经济，其脱硫的初投资及运行费用远低于煤粉炉加烟气脱硫（flue gas desulfurization，FGD）。

2）燃料适应性广且燃烧效率高，特别适合于低热值劣质煤。

3）灰渣的活性好，有利于灰渣的综合利用。

4）负荷调节范围大，负荷可降到满负荷的 30%左右。

由于循环流化床锅炉所具有的燃料适应性广和低排放特性，近年来在中国得到快速发展。中国的循环流化床燃烧技术来自自主开发、国外引进、引进技术的消化吸收三个主要来源。20 世纪 80 年代以来，中国的循环流化床锅炉数量和单台容量逐年增加。国内自主开发的主要研究单位为清华大学、中科院热物理研究所及西安热工研究院等。他们与锅炉厂结合，开发了系列化国产循环流化床锅炉。中国在过去的 30 年里，发展了自己先进的循环流化床燃烧理论，快速床流化状态的设计核心修正了国际循环流化床理论，也建立了中国自己的循环流化床设计体系理论支撑。

“十一五”以来，在国家发展煤矸石发电、低热值煤发电等一系列政策的扶持下，循环流化床发电技术在国内实现跨越式发展。2012 年，世界上单机容量最大的超临界循环流化床锅炉机组在中国白马示范电站投入运行。

600MW 超临界循环流化床锅炉技术开发、研制与工程示范完整地揭示了超临界 CFB 锅炉的基本原理，创建了超临界 CFB 锅炉设计理论和关键技术体系，开发了超临界 CFB 锅炉设计技术，发明了低质量流速垂直水冷壁、纵流换热床等专利部件结构，率先研制出世界容量最大、参数最高的 600MW 超临界 CFB 锅炉。创建了控制、仿真、系统集成和安装、调试、安全运行技术体系，建成了世界首台 600MW 超临界 CFB 示范工程。示范工程投运后运行非常平稳，各项指标全面优于国外同期开发的超临界 CFB。在 600MW 超临界 CFB 锅炉研发示范的基础上，2016～2017 年，中国陆续建成投产了山西国金电力、华电国际朔州热电、徐矿华美二期等一批 350MW 等级超临界 CFB 流化床机组，这些机组在环保排放和能耗控制等方面，均达到了国际领先水平。

截至 2017 年底，中国在役的循环流化床锅炉超过 6200 台，装机容量超过 1 亿 kW，占火电装机的 10%以上，其中 30 万 kW 及以上循环流化床机组超过 100 台，35 万 kW 等级超临界循环流化床机组 2017 年底投产 16 台，2018 年新增 8 台机组投产。30 万 kW 及以上循环流化床机组的能耗控制指标正在逐步接近常规燃煤机组的能耗水平，中国 30 万 kW 及以上 CFB 机组能耗情况如表 4－4 所示。

表 4－4　　　　中国 30 万 kW 及以上 CFB 机组能耗情况

现役 CFB 机组	平均煤耗（g/kWh）
30 万 kW，亚临界	330
35 万 kW，超临界	315
60 万 kW，超临界	301.6

4.3.2.3　煤电机组热电联产

煤电机组热电联产是同时向用户提供电能和热能的一种生产方式。热电联产遵循能量梯级利用的原则，高品位热能首先用于发电，中低品位热能对外供热。超超临界以下燃煤发电机组理论热效率是 41%，实际运行只有 36%～39%。而热电联产项目的热效率实际运行时达 60%左右。工业锅炉平均运行热效率仅 50%，而热电联产的锅炉运行热效率一般为 90%。由于热电联产机组在环保和能效等方面的优势，中国在电力节能调度、火电项目建设审批过程中，都给予了相应的优惠，包括优先安排热电联产机组电量，以热定电，热电联产机组优先非热电机组建设等。

2016 年，为推进大气污染防治，提高能源利用效率，促进热电产业健康发展，解决中国北方地区冬季供暖期空气污染严重、热电联产发展滞后、区域性用电用热矛盾突出等问题，国家发展改革委、国家能源局、财政部和生态环境部联合发布《热电联产管理办法》（发改能源〔2016〕617 号），提出“力争实现北方大中型以上城市热电联产集中供热率达到 60%以上，20 万人口以上县城热电联产全覆盖”的热电联产发展目标。中国热电联产机组占比情况（2000～2017 年）如图 4－4 所示，截至 2017 年底热电联产机组的比例已从 2000 年的 13.3%提高到 39.4%。

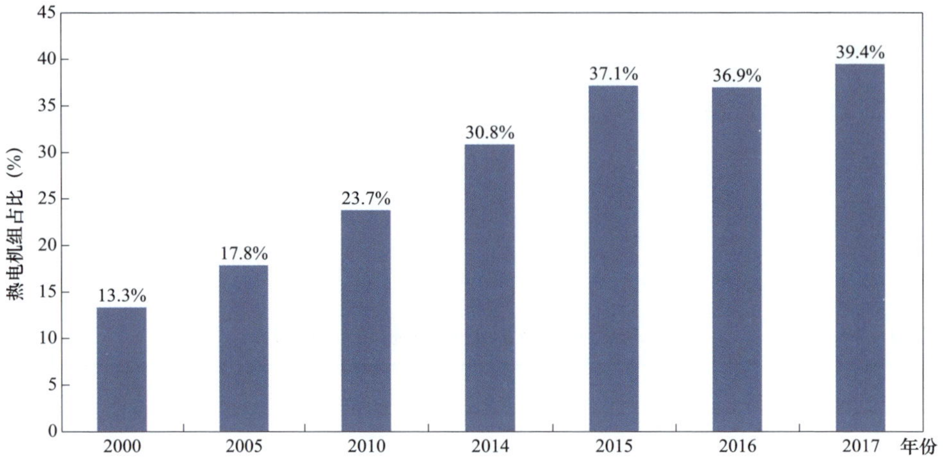

图 4－4　中国热电联产机组占比情况（2000～2017 年）

（数据来源：中国电力企业联合会）

4.3.2.4　燃煤超低排放发电

烟气污染物超低排放（类似概念还有“近零排放”“趋零排放”“超净排放”等）的提出，主要参照的是 GB 13223—2011《火电厂大气污染物排放标准》中规定的天然气机组排放限值。国内最早开展工程应用实践的是原神华集团国华舟山电厂和浙能集团嘉兴电厂，两家电厂均从 2013 年开始烟气系统超低排放的改造，改造完成后烟气排放浓度分别达到或超过了 GB 13223—2011《火电厂大气污染物排放标准》中规定的天然气机组排放限值的要求。《全面实施燃煤电厂超低排放和节能改造工作方案》（环发〔2015〕164 号）对超低排放的定义进行了界定，超低排放即在基准氧含量 6%条件下，烟尘、SO_2、NO_x 排放浓度分别不高于 10、35、50mg/m^3。为进一步加大大气污染物治理的力度，部分省份单独出台了针对燃煤电厂排放控制限值的地方标准，部分能源企业顺应形势要求拟定了超低排放的指标要求，积极推进火电机组的超低排放改造。

目前应用较多的烟尘超低排放技术包括有低温静电除尘技术、湿式电除尘技术、电袋复合除尘技术、旋转电极静电除尘技术、高频电源技术等。SO_2 超低排放技术应用方面，由于传统的石灰石—石膏法已无法满足 35mg/m^3 的排放限值要求，基于此，各燃煤电厂因地制宜采用了增加喷淋层、性能增强环、双塔串联技术、单塔双循环技术、海水脱硫技术、单（双）托盘塔技术、单塔一体化脱硫除尘深度净化技术等新型超低排放技术。NO_x 超低排放方面，中国大部分燃煤机组现在均已实现以低 NO_x 燃烧器+选择性催化还原（selective catalytic reduction，SCR）催化剂为基础的脱硝技术路线，该系统技术成熟，运行可靠。与常规燃煤机组相比，超净排放燃煤机组脱硝系统并无本质上的变化，主要是优化低氮燃烧以及增加 SCR 脱硝催化剂填装层数。

《能源生产与能源消费战略（2016～2020）》《能源发展“十三五”规划》发布以来，燃煤超低排放发电改造的推进进程大大加快。截至 2017 年底，中国累计完成燃煤电厂超低排放改造 7 亿 kW，占全国燃煤发电机组总容量的 70%，提前 2 年完成 2020 年的改造目标任务。在 2017 年，全国电力烟尘排放总量为 26 万 t，比 2016 年下降了 25.7%，每千瓦时火电发电量烟尘排放量约为 0.06g，同比降低了 0.02g；全国电力 SO_2 排放总量为 120 万 t，同比下降了 29.4%，每千瓦时火电发电量烟尘排放量约为 0.26g，同比降低了 0.13g；全国电力 NO_x 排放总量为 114 万 t，同比下降了 26.5%，每千瓦时火电发电量烟尘排放量约为 0.25g，同比降低了 0.11g。

2017 年，主要发电集团在超低排放和节能改造方面也取得积极进展。国家能源集团 1.35 亿 kW 机组实现超低排放，60 万 kW 及以上机组占比 59.2%，超临界、超超临界机组占比 53.4%，百万千瓦机组 27 台，占全国 25.9%。国家电投集团全年改造机组 31 台，容量 1270 万 kW，累计完成改造 99 台，占火电机组总容量的 69.35%。华电集团实现超低排放机组累计达 170 台共 7328.4 万 kW，容量占比达 77%。华能集团热电联产和 30 万 kW 及以上超临界、超超临界纯凝煤电装机占煤电装机的比重达 81%，比 2012 年底提高 11 个百分点。

4.3.3 清洁高效燃煤发电的效益

改革开放 40 多年来，电力行业持续致力于发输电技术以及污染物控制技术的创新发展，目前煤电机组发电效率、资源利用水平、污染物排放控制水平、二氧化碳排放控制水平等均达到世界先进水平。2000～2019 年中国火电机组供电标准煤耗如图 4－5 所示。

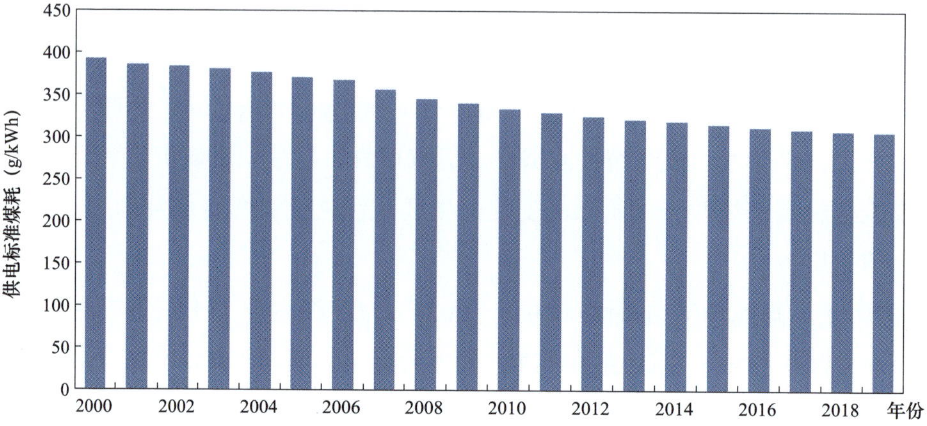

图 4－5　中国火电机组供电标准煤耗情况（2000～2019 年）

（数据来源：中国电力企业联合会）

1978 年全国供电煤耗 471g/kWh，电网线损率 9.64%，厂用电率 6.61%。改革开放以来，受技术进步，大容量、高参数机组占比提升和煤电改造升级等多因素影响，供电标准煤耗持续下降。截至 2019 年底，全国 6000kW 及以上火电厂供电标准煤耗 306.4g/kWh，比 1978 年降低 164.6g/kWh，煤电机组供电煤耗水平持续保持世界先进水平；2019 年全国电网线损率 5.93%，比 1978 年降低 3.71 个百分点，居同等供电负荷密度国家先进水平；2019 年全国 6000kW 及以上电厂厂用电率 4.67%，比 1978 年降低 1.94 个百分点。

随着火电结构的进一步优化和节水技术水平的进一步提高，火电厂发电水耗持续下降。中国火电机组耗水情况（2005～2019 年）如图 4－6 所示，2005 年火电厂单位发电水耗为 3.1kg/kWh，2019 下降至 1.21kg/kWh，下降了 1.89kg，降幅达 60%。

中国通过结构电力调整、提高机组技术水平、实施节能减排改造工程、提高运行优化管理水平等综合措施，推动煤电污染物排放强度不断下降、总量得到强力控制，燃煤发电已不再是造成环境污染的主要因素。电力排放绩效显著优化。2017 年，全国电力烟尘、二氧化硫和氮氧化物排放量分别约为 26 万、120 万、114 万 t，分别比 1990 年下降 336 万、297 万、114.7 万 t，在全国火电装机大幅增长的情况下，污染物总排放量显著下降。

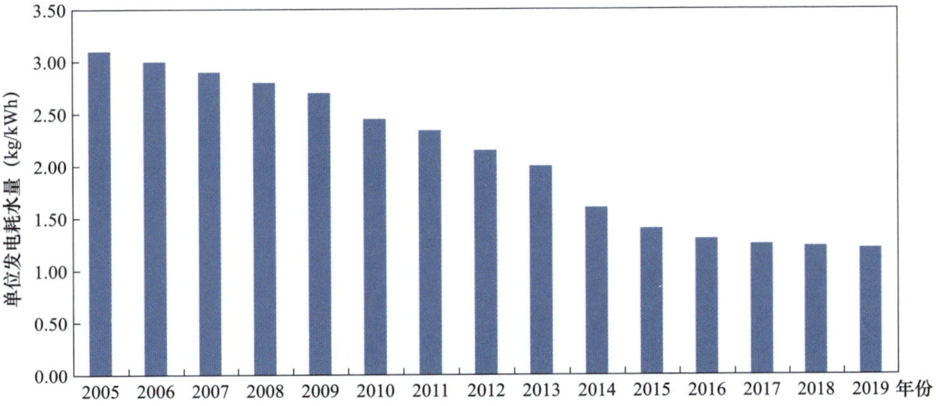

图 4－6　中国火电机组水耗情况（2005～2019 年）

（数据来源：中国电力企业联合会）

2019 年中国的单位火电发电量烟尘排放量、二氧化硫排放量和氮氧化物排放量分别为 0.038、0.187、0.195g/kWh，已处于世界先进水平。在应对气候变化方面，改革开放以来，碳排放强度不断下降，2019 年，单位火电发电量二氧化碳排放约 838g/kWh，比 2005 年下降 20.0%。2006～2019 年，通过发展非化石能源、降低供电煤耗和线损率等措施，电力行业累计减少二氧化碳排放约 159.4 亿 t，有效减缓了电力二氧化碳排放总量的增长。40 多年来，电力行业为全球应对气候变化做出突出贡献。2001～2019 年中国火电厂主要污染物排放绩效如图 4－7 所示。

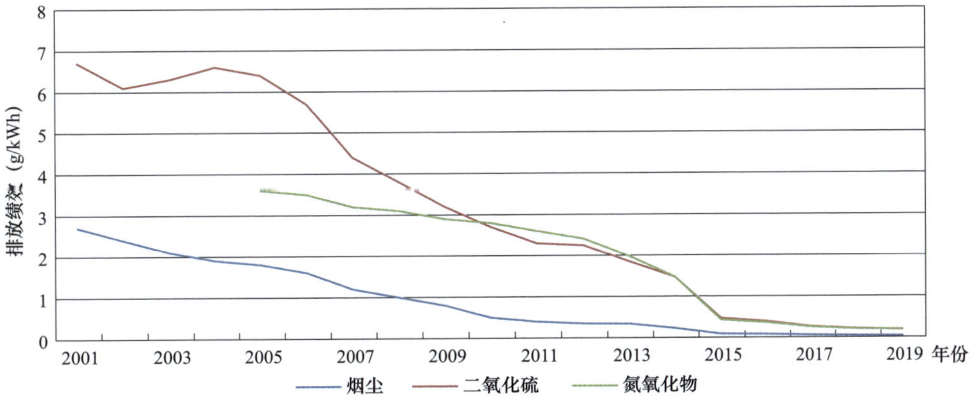

图 4－7　中国火电厂主要污染物排放绩效（2001～2019 年）

（数据来源：中国电力企业联合会）

4.4 其他能源技术

4.4.1 水力发电

水力发电具有效率高、发电成本低、机组启动快、调节容易的特点。水力发电按照集中落差的方式分类可分为堤坝式水电厂、引水式水电厂、混合式水电厂、潮汐水电厂和抽水蓄能电厂；按径流调节的程度分类有无调节水电厂和有调节水电厂。水电站基本上是以水库的循环蓄、放水进行优化运行，可大致分为丰水期和枯水期两个时期。

常规水电运行随着河川径流的变化而变化，由于中国来水季节分布差异性较大，对具有季度调节及以上能力的水库，一般可通过水库的调节作用从发电量最大化角度出发来安排水电站的年度运行计划，以实现年内不同季节不均匀来水的再分配。传统的水电年度运行计划主要根据预报来水，并结合水库自身承担的综合利用要求和电网负荷需求趋势，从发电量最大化角度出发采用数学优化方法寻求水库在不同时段（月或旬）的最佳控制水位及电站出力。

中国水能资源可开发装机容量约 6.6 亿 kW，年发电量约 3 万亿 kWh，经过多年的发展，中国水电装机容量和年发电量已突破 3 亿 kW 和 1 万亿 kWh，分别占全国的 20.9%和 19.4%。

“十二五”期间，中国水电开工规模为 1.2 亿 kW，年均开工 2400 万 kW，是中国水电发展 5 年规划历史上开工规模最大、开工数量最多的 5 年。根据《水电发展“十三五”规划（2016～2020）》，要实现 2020 年非化石能源占一次能源消费比重 15%的目标，水电的比重须达到 8%以上，常规水电发展目标要达到 3.5 亿 kW，相应“十二五”“十三五”常规水电新增规模分别达到 0.67 亿、0.9 亿 kW。

水电站运行方面，流域梯级统一调度体系建设取得进展，梯级水库调度、电站运行的技术规程进一步健全，流域梯级电站实现统一调度、集中控制、优化运行。适应水电行业发展的水电设备管理、大坝安全管理、水电施工技术规范等行业技术标准体系不断完善，水电建设运行规范化管理取得很大进展。

2017 年，中国水电发电量 11 898 亿 kWh，相当于年可节约原煤 5.55 亿 t，减少 CO_2 排放量约 10.41 亿 t。截至 2050 年，中国水能资源开发利用程度将由近 30% 提高到 90%，水电开发程度显著提高，对保障能源安全，优化能源结构，将发挥更重要的作用。

4.4.2　生物质能

农林生物质直燃发电是目前最常见的一种生物质发电技术，以秸秆为例，秸秆发电是指以农作物秸秆为主要燃料的一种发电方式。秸秆发电是秸秆优化利用的最主要形式之一。农村地区生物质资源丰富，一般而言，当地可收集资源量约为生物质产业项目需求量的 10 倍以上，并不存在供给短缺问题。因此只要创新收购模式，加大精细化管理力度，生物质企业可以大大提升对燃料市场的管控能力。

高温超高压机组已开始在生物质电厂使用，转化效率提高到 30%以上，随着生物质整体气化联合循环发电（biomass integrated gasification combined cycle power generation，BIGCC）技术和热化学技术在生物质电厂的应用，未来生物质电厂转化效率有望达到 39%。

2010～2017 年，中国生物质能发电并网容量呈上升趋势，截至 2017 年底，并网容量达到 1476.2 万 kW。

燃煤与生物质可以互补发电有关的技术类型主要包括以下三类（如图 4－8 所示）：

（1）生物质成型颗粒技术。将秸秆、稻草、稻壳、花生壳、玉米芯、油茶壳、棉籽壳等生物质进行加工，形成 6～10mm 的成型颗粒，再与煤炭进行混合送入磨煤机，然后在锅炉中燃烧发电。

（2）独立破碎燃烧技术。该技术是将生物质成型颗粒送入专用的燃烧器进行燃烧，然后与煤在锅炉系统进行耦合，实现互补发电。

（3）生物质气化技术。生物质在循环流化床气化炉中完成高效气化，产生燃气经过净化系统除尘后，以热燃气的方式直接送入大型燃煤电站锅炉，与煤粉进行混烧，利用原有发电系统实现高效发电的技术。

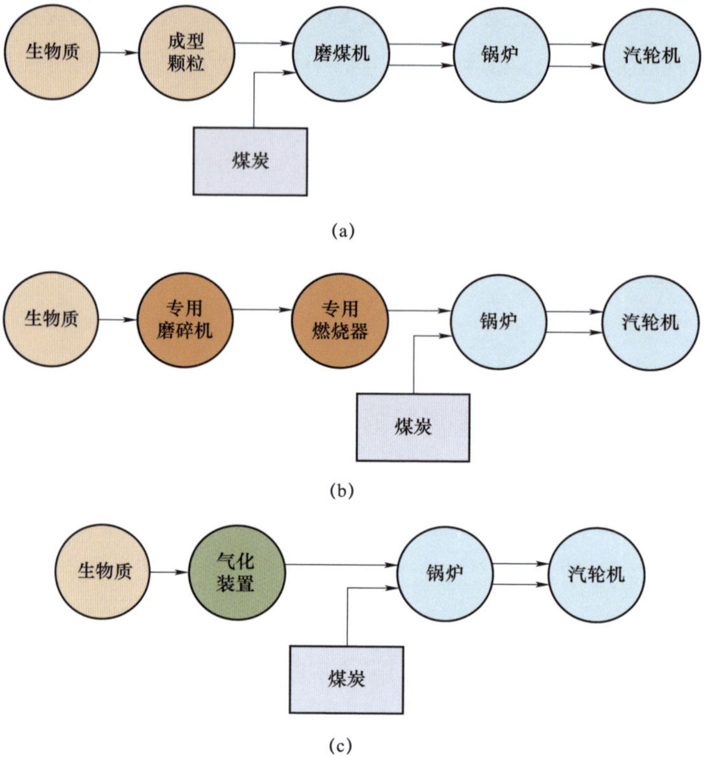

图 4-8　燃煤与生物质耦合发电技术

（a）生物质成型颗粒技术；（b）独立破碎燃烧技术；（c）生物质气化技术

随着中国城市化进程的加快、居民生活水平的不断提高，城市生活垃圾清运量将不断增加。若仅靠填埋进行处理，土地资源紧张和环境污染等问题将日益加剧。垃圾焚烧发电装机规模也将呈逐步上升态势。预计到 2023 年，利用垃圾焚烧发电的装机规模将达到 1013 万 kW 左右。

4.4.3　抽水蓄能

抽水储能利用电网中负荷低谷时的电力，由下水库抽水到上水库储能，再放水回到下水库发电。抽水蓄能电站是利用能量转换作用，将低谷电能转换成高峰电能，其本身并不生产电能，只是将电网中的电能在时间上重新分配。在电力系统负荷低谷时，利用低谷剩余电能将下水库水抽到上水库，以水的势能形式将其储蓄起来，到负荷高峰时再将上水库水通过水轮机放入下水库，水的势能就转换为电能送回电网，完成一次循环，上水库水位由发电最低水位升至正常蓄水位，再由正常蓄水位降至发电最低水位，下水库水位由正常蓄水位降至发电最低水位，再由发电最低水位升至正常蓄水位。

抽水储能非常适合电力系统调峰和用作备用电源，存储能量的释放时间从几小时到数天不等，效率在 70%～85%，主要应用领域包括能量管理、频率控制及系统备用电能供给，其主要特点如下：

（1）抽水蓄能电站启、停的速度快，工况转换和增、减负荷迅速，运行灵活可靠，强迫停运率较低，跟踪负荷能力强，适宜承担电力系统调频、紧急事故备用和负荷备用，是很好的旋转备用电源。距离负荷中心地区较近的抽水蓄能电站，还可作调相运行，平衡系统无功功率，稳定地区电压，提高电网运行可靠性。例如广州抽水蓄能电站从停机到满发一般只需 4～5min，最快只需 2min，从停机到满抽一般也只需 4～5min。

（2）抽水蓄能电站既可作水轮机工况运行，又可作水泵工况运行，既可发电又可抽水，既可向电网供电，又可吸收电网的电力，既是发电电源，又是用电负荷，既可增加供电能力，又可提高电网负载率。临近用电负荷中心地区的抽水电站，还可在抽水工况和发电工况下调节电网无功功率，既可向电网输送无功功率，又可吸收电网无功功率，双向调节电网无功功率，稳定供电地区电压，提高电网运行稳定性。

由于有这些独特的优势，抽水蓄能电站可以在电力系统中发挥调峰、调频、调相及旋转备用等功能，提高电网运行安全性和经济性。

水力蓄能是目前技术最成熟、设备容量最大的储能技术，其最大容量已超过 1000MW。水力蓄能系统需要适合修建上水库的特殊地形条件，往往一次投入较大，但使用寿命较长。

抽水蓄能电站具有蓄能的功能，并且启停迅速，不但可以作为储能装置，有效解决间歇性能源在运行过程中电能的余缺矛盾，还可以作为快速调节电源，平缓风电和光伏发电的输出功率，降低波动性对电网的影响。抽水蓄能电站与可再生能源发电联合运行的原理图如图 4－9 所示。

“十三五”期间（2016～2020 年）规划开工建设抽水蓄能电站 60 000MW，投产 17 000MW，2020 年规划建成抽水蓄能电站 40 000MW。

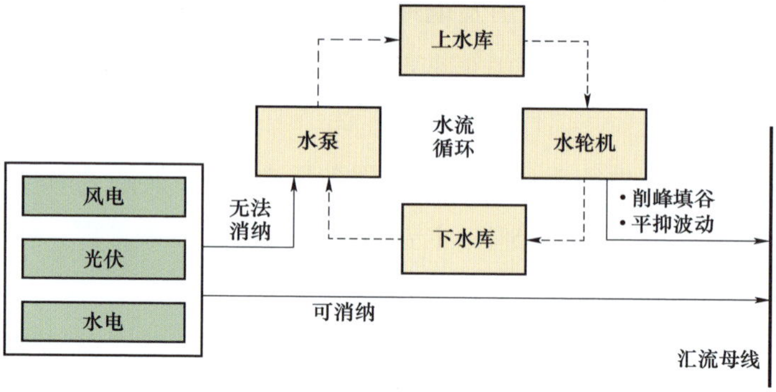

图 4-9 抽水蓄能与可再生能源联合运行原理图

抽水蓄能在中国的应用技术相对成熟，实践经验丰富。自 20 世纪 80 年代开始建设大型抽水蓄能电站以来，中国相继建成了一大批大型抽水蓄能电站。到 20 世纪 80 年代随着在广东、华东、华北等东部地区一批大型抽水蓄能的建设，将中国抽水蓄能发展推向新的高度，截至 2017 年，中国抽水蓄能电站装机容量已居世界第一，在运规模 2849 万 kW，在建规模达 3871 万 kW；中国在建抽水蓄能电站的总规模、最大单站装机容量、最大机组单机容量、最高机组发电额定水头均位于世界前列。

中国已建和在建抽水蓄能电站主要分布在华南、华中、华北、华东等以火电为主的地区，以解决电网的调峰问题，而内陆省份则分布较少。由于中国能源资源分布与经济发展的不均衡性，规划和建设抽水蓄能除应考虑经济发展和电源结构因素外，还需考虑跨区域、大规模、长距离电力输送、电源结构优化及智能电网发展的需要以及风电、核电等新能源及可再生能源的大规模开发等因素。截至 2017 年底，中国抽水蓄能装机在电力总装机的占比不到 3%，还不能满足系统发展的需要，按照国家“十三五”能源发展规划要求，“十三五”期间新开工抽水蓄能 6000 万 kW，投产 1700 万 kW，到 2025 年达到 9000 万 kW 左右。

4.4.4 其他储能

包括抽水蓄能，储能是智能电网、可再生能源高占比能源系统、“互联网+”智慧能源（简称能源互联网）的重要组成部分和关键支撑技术。储能能够为电网运行提供调峰、调频、备用、黑启动、需求响应支撑等多种服务，是提升传统电力系统灵活性、经济性和安全性的重要手段；储能能够显著提高风、光等可再生能源的消纳水平，支撑分布式电力及微网，是推动主体能源由化石能源向可再生能源更替的关键技术；储能能够促进能源生产消费开放共享和灵活交易、实现多能协同，是构建能源互联网，推动电力体制改革和促进能源新业态发展的核心基础。在分布式能源系统引入储能设备，可以有效地实现需求侧管理，减小负荷峰谷差，降低供电成本，将对传统的能源消费方式等方面带来革命性变化。

主要储能形式的性能对比及应用范围见表 4－5。

表 4－5　　主要储能形式性能对比及应用范围

储能类型	能量密度（Wh/L）	功率密度（W/L）	反应时间	适用范围
超级电容器	10～20	4000～12 000	1ms～15min	平滑负荷，电压补充，黑启动支持
飞轮储能	20～80	5000	15s～15min	调峰、频率控制、不间断电源、电能质量控制
超导储能	0.2～1.5	1000～4000	1ms～15min	平滑波动，系统备用容量、系统电压支撑
抽水蓄能	0.2～2	0.1～0.2	4～10h	能量管理，频率控制和系统备用
压缩空气	2～6	0.2～0.6	6～20h	调峰发电厂、系统备用电源
锂电池	200～400	1300～10 000	1min～10h	平滑波动、备用电源、电压/频率控制、削峰填谷
铅酸电池	50～80	90～700	1min～3h	平滑波动、电能质量控制、系统备用电源、黑启动、不间断电源
钠硫电池	150～300	120～160	1min～1h	平滑波动、备用电源
氢能	600	0.2～2	1s～10h	调峰、平滑波动

4.4.4.1　储电技术

储电系统可以在一定程度上缓解供需矛盾，应对高峰负荷供电需求，提高现有电网设备利用率和电网运行效率，实现更加灵活的能源和资源配置。储能技术应用于可再生能源发电，可以平抑风电、光伏等可再生能源发电的随机性和间歇性功率波动，提高可再生能源消纳能力。

根据储能系统充放电时间响应特性，可将储能系统划分为功率型储能系统和能量型储能系统。功率型储能系统以超级电容器、超导储能、飞轮储能为代表，具有响应快、循环寿命长、容量小等特点，适合补偿短时功率波动；能量型储能系统以蓄电池、抽水蓄能、压缩空气为代表，具有容量大、响应慢等特点，适合补偿长时功率波动。

（1）超级电容器。根据电化学双电层理论研制而成的，又称双电层电容器，两电荷层的距离非常小，一般在 0.5mm 以下，采用特殊电极结构，使电极表面积成万倍的增加，从而产生极大的电容量。

（2）飞轮储能。飞轮储能由电网提供电能，利用电动机带动飞轮高速旋转，将电能以飞轮的动能形式存储起来。当需要供电时，由飞轮作为原动机拖动发电机发电，并输出到用电设备。飞轮储能系统主要由转子、电动/发电机、电力转换器和真空室四部分组成。为减少损耗，现代飞轮储能系统通常是由一个圆柱形旋转质量块和通过磁悬浮轴承支撑的机构组成。飞轮储能多用于工业和不间断电源（uninterruptible power system，UPS）中，适用于配电系统运行，以进行频率调节，可用作一个不带蓄电池的 UPS，当供电电源故障时，快速转移电源，维持小系统的短时间频率稳定，以保证供电不中断、电压波动/暂降等。

（3）超导储能。超导储能系统是利用电阻为零的超导磁体制成超导线圈，形成一个大电感，在通入电流后，线圈的周围就会产生磁场，电能将会以磁能的方式存储在其中。需要时将储存的能量经逆变器送回电网或作其他用途。超导储能系统装置一般由超导线圈及低温容器、制冷装置、变流装置和测控系统四个主要部件组成。超导储能充放电次数多，使用寿命长，充放电效率高，速度快，响应速度快，控制方便，功率密度高而且环保无污染，建造不受地点限制。但是超导储能容量有限，成本高，维护成本较高，还有超导失超引起的安全可靠性问题等。

（4）电化学储能。电化学储能是电力储能通过电能和化学能之间的相互转化，赋予了电力可以存储的属性。电池是电化学储能的基础核心部件，包括锂离子电池、铅酸电池和钠硫电池等。锂离子电池是以含锂的化合物作正极，在充放电过程中，通过锂离子在电池正负极之间的往返脱出和嵌入实现充放电的一种二次电池。锂离子电池实际上是锂离子的一种浓差电池，当对电池进行充电时，电池的正极上有锂离子生成，生成的锂离子经过电解液运动到负极，并嵌入到负极材料的微孔中；放电时，嵌在负极材料中的锂离子脱出，运动回正极。铅酸电池是一种电极主要由铅及其氧化物制成，电解液是硫酸溶液的蓄电池。铅酸电池荷电状态下，正极主要成分为二氧化铅，负极主要成分为铅；放电状态下，正负极的主要成分均为硫酸铅。钠硫电池是以金属钠为负极、硫为正极、陶瓷管为电解质隔膜的二次电池，在一定的工作温度下，钠离子透过电解质隔膜与硫之间发生的可逆反应，形成能量的释放和储存。

4.4.4.2　储热技术

储热技术是另一种重要的储能方式。高温储热技术广泛应用于光热发电，平抑光照条件不稳定带来的输出不稳定，提高光热电站的可调度能力。配置大容量储热能够增加电站发电小时数，甚至实现光热电站的全天发电，提高电站的经济收益。高温储热技术已经广泛应用于槽式、塔式光热发电领域。储热技术大体可以划分为显热储存、相变储存和化学反应储存三类。

（1）显热储存。显热存储是利用材料所固有的热容进行的热量储存形式。主要应用的显热储热材料有硅质、镁质耐火砖、三氧化二铁、铸钢和铸铁、水、导热油、砂石等热容较大的物质。其中，水的比热大、成本低，主要用于低温储热；导热油、硝酸盐的沸点比较高，可用于太阳能中温储热。

（2）相变储存。相变是利用相变材料在物态变化时，吸收或放出大量潜热而进行的。通常按照相变形式和相变温度的不同，相变储热材料可进行进一步的细分。根据相变形式的不同，相变材料可分为固—固相变、固—液相变、固—气相变和液—气相变。按照相变温度范围的不同，相变材料又分为高温、中温、低温相变储热材料。各温度范围间并没有明显清晰的界限，常发生较大范围的重叠，但因实际应用时需要储存的热源有一定的温度范围，这种按相变温度分类的方法更实用。一般的把相变温度 120℃和 400℃作为低、中、高温相变储热材料的温度节点。

（3）化学反应储存。化学反应存储是利用可逆化学反应，通过热能与化学热的转化来进行储能的。典型的热化学反应储能体系有无机氢氧化物分解、氨的分解、碳酸化合物分解、甲烷—二氧化碳催化重整、铵盐热分解、有机物的氢化和脱氢反应等。热化学反应储能的主要潜在优点是蓄热量大，使用的温度范围比较宽，不需要绝缘的储热罐，而且如果反应过程能用催化剂或反应物控制，可长期储存热量，特别适用于太阳能热发电中的太阳热能储存。已经研究过 70 多种热化学反应，但很理想的反应体系并不多。

4.5 多能互补容量规划与系统运行

4.5.1 发电容量规划

多能互补系统的容量优化规划要考虑到传统机组运行能力以及调节能力的影响，还应考虑负荷情况、电网结构以及接纳能力。

（1）供电地区负荷特性。供电地区负荷特性是指负荷对电能质量的要求，以及负荷随电压、频率变化的性能曲线等，其中，负荷对电能质量、供电可靠性的要求是制约具有波动性的可再生能源最大渗透率的重要衡量因素。

（2）系统中传统机组的调节能力。系统中传统机组的调节能力是指旋转备用的容量、火电机组的爬坡率、对电压和频率的调节能力等。火电机组在中承担基荷和调压、调频作用，由于可再生能源的不确定性，适当的火电机组比例可以维持其对电压和频率的调节能力，从而为可再生能源接入提供支撑。表 4－6 为燃煤、天然气和水力发电机组的爬坡能力对比。天然气机组和水力发电机组的爬坡能力较强，燃煤机组的爬坡能力较弱，而风电的波动率最小一般在分钟级，光伏的波动率在秒级。

（3）接入点系统的接纳能力。电网接入点系统的接纳能力主要指接入点系统的强度，主要用短路容量来表示，当短路容量越大，说明接入点的系统强度更高，适应于更多可再生能源接入。

表 4－6　燃煤、天然气和水力发电机组的爬坡能力对比

机组类型	发电设备爬坡能力（$\% \cdot min^{-1}$）
燃煤机组	2
天然气发电机组	20
水力发电机组	30

多能互补系统的容量规划问题就是一个保证电量平衡的优化规划问题。多能互补系统规划中电源机组的结构比例不仅要保证技术上的可操作性，还要满足经济效益的最大化。即需要从技术层面保证电网系统的稳定运行，并考虑投资成本、后期运行收益的经济性。

由于风电和光伏的随机性特点，可以通过测算间歇性可再生能源的置信容量实现出力容量的计算。可再生能源的置信容量是指在可再生出力概率密度函数中，以一定置信度存在的出力容量值。规划模型考虑了风速和光照等随机变化因素对系统容量的影响，计及了自然资源随机波动的影响，置信容量的计算可以通过蒙特卡洛模拟仿真得出。

4.5.2　系统运行和控制

风能、太阳光能、水电机组等构成的多能互补系统进行联合运行的主要目标：消除或降低风能和光伏发电出力功率的间歇性、波动性，减少这种不确定性给电网系统带来的运行风险。这种多能互补系统在运行过程中应充分考虑经济效益和环境收益。含风、光、水的多能互补系统的协同控制模式有如下 3 种：

（1）正常运行：多能互补系统传输尽可能多的电力给电网，此时可再生能源的工作效率最高，发出的电能可直接输送给电网。

（2）受限运行：含风、光、水的多能互补系统按照电网设置的预期输入功率运行，从而达到削峰及主动进行负荷控制等目的。水电用于补偿风电、光伏波动量和分配入网电量之间的不平衡。

（3）均衡运行：该模式用于缓解风电、光伏出力功率的波动，即减少与电网在公共耦合点的电压波动和不平衡与谐波畸变，使其向电网传输高质量电力。

为了减少其对电网的影响，首先需要考虑其风、光、水多能互补系统所在的区域、各自容量的大小，需要考察如下指标：

（1）控制难易程度，达成控制目标需要进行的操作量是多是少。

（2）控制损耗，在采取控制措施时对各装置产生的影响。

（3）发出总功率，控制后所能发出的总功率多少。

（4）电能质量影响，控制后对电能质量产生的影响。

通过对这些指标的考察确定控制目标，通过相关性确定控制速度与强度，最终达到协调控制的目的。含可再生能源的多能互补协同优化调度是一个考虑多目标的优化问题，其中的目标函数可以为能源消耗成本及污染排放物对环境的影响成本。它直接反映了能源的利用形式及利用效率，反映了能源消耗对环境产生的影响，该影响应尽可能地小。

4.5.3 虚拟电厂技术

“虚拟电厂”是通过先进信息通信技术和调度控制系统，实现风、光、水、火、储等多类型能源的聚合和协调优化，以作为一个特殊电厂参与电力市场和电网运行的调度系统。这一概念强调的是对外整体呈现的控制效果。以风电和太阳能为代表的可再生能源具有显著的间歇性和强随机波动性，若将单一形式的多台可再生能源发电机组规模化地接入大电网，将产生较严重的系统稳定性问题，会制约可再生能源大规模开发利用。虚拟发电厂提供的可再生能源电力与传统能源集成优化与互补运行的模式，能够在智能协同调控和决策支持下对大电网呈现出稳定的电力输出特性。主要技术核心包括多能流协调控制技术、智能计量技术以及信息通信技术等。虚拟电厂可以充分利用多类型电源的耦合作用，从而实现调度控制、经济收益和环境收益的协调优化。在可再生能源与火电多能互补系统中，火电机组属于稳定电源，对风、光、水等清洁能源发电调度起到支撑作用，能够平抑新能源发电的随机波动性对电网的冲击，保障电力的安全供应和系统的稳定运行。

如图 4-10 和图 4-11 所示，基于虚拟电厂的可再生能源与火电互补运行是将风力发电厂、光伏电站、水力发电厂、火电站组成了一个虚拟电厂，利用虚拟电厂的聚合效应与协同优化调度算法，作为平抑可再生能源功率波动的手段。该方法形成了含多种电源的电网新结构调控的新策略，通过利用电源之间的互补特性将新能源和常规电源打捆调度，使得并入电网的功率能够很好地追踪负荷变化，同时可以引入电力市场价格激励信息，为最终火电机组最优经济性并网提供了条件。

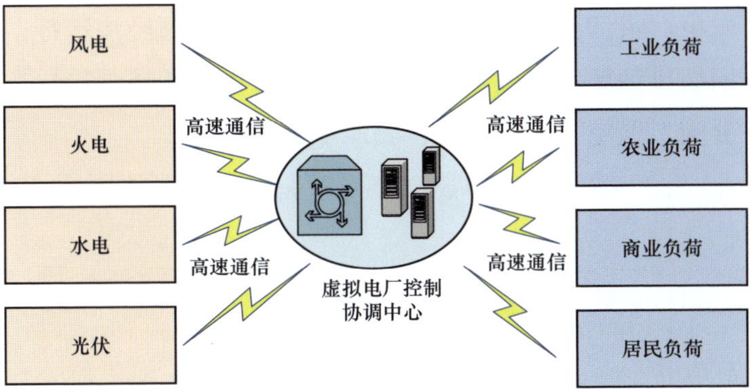

图 4－10　虚拟电厂技术

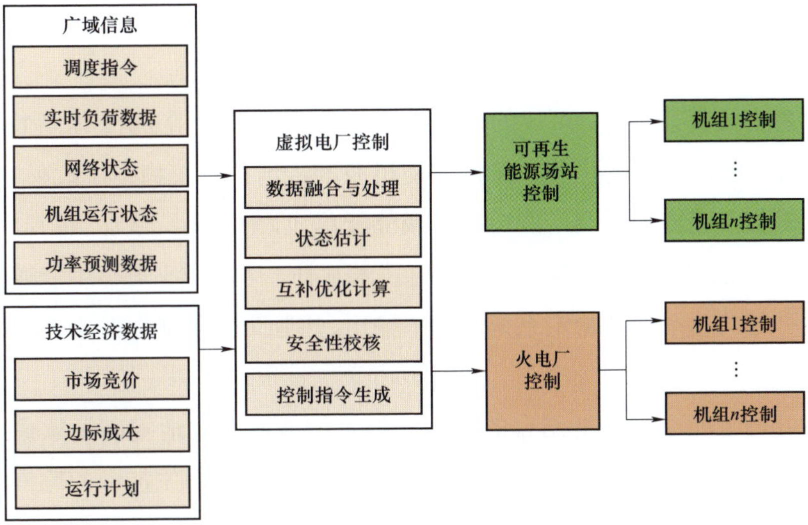

图 4－11　基于虚拟电厂的可再生能源与火电互补控制

4.5.4　储能平抑可再生能源功率波动

储能在电网中的应用非常广泛，在光伏、风电为代表的可再生能源发电系统中，为保证高比例消纳，往往需要一定容量的储能配置。储能在可再生能源发电系统中发挥的互补作用主要包括以下几个方面：

（1）平滑可再生能源功率输出（如图 4－12 所示）。

（2）削峰填谷，辅助可再生能源平抑负荷。

（3）有序发电，灵活应用分时电价，实现可再生能源经济运行。

（4）为电网提供调频、调压等辅助服务，支持电网的稳定运行。

（5）“非并网”情况下提供电压、频率支撑。

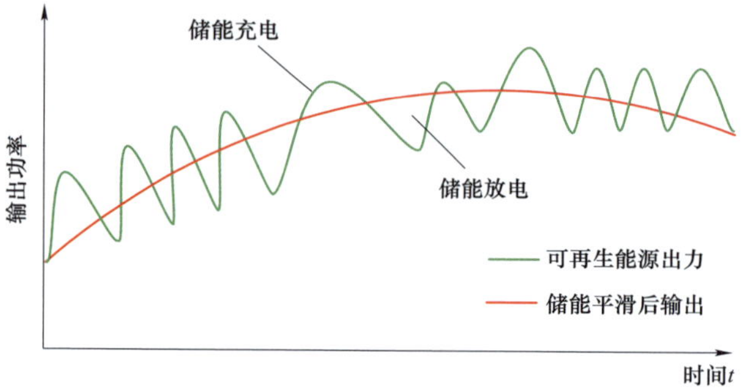

图 4－12　储能平滑可再生能源功率波动

储能系统凭借其可充、可放的运行特性，可兼顾容量和功率需求等特点，可充分发挥可再生能源发电的优势，平衡其随机波动，维护系统稳定，改善电能质量。在系统中配备一定容量的同步发电单元或储能单元，平抑负荷波动、进行削峰填谷，与风力发电、光伏发电等可再生能源发电技术互补，可以减小可再生能源受自然因素影响而引起的功率波动稳定系统的功率输出，增强可再生能源发电系统的可调度性能。

构建可再生能源与储能结合的多能互补系统能够有效地提高间歇式电源运行的性能，利用储能调节多能互补系统的整体出力，针对可再生能源的输出功率的波动，通过多类型功率型、能量型储能的配置，例如用快速响应的电容器进行短时快速响应补偿、电池储能进行功率支撑、燃气轮机抽水蓄能等能量型储能进行长期支撑，从而将可再生能源的功率波动完全进行平抑与补偿。对外来看，可再生能源系统是一个稳定、可靠的电源，可以进行高渗透率接入，从而改进电力系统调控能力，提升电网的适应能力，有利于电网大范围接入可再生能源。

4.5.5　虚拟同步发电机技术

由于目前绝大部分的风电、光伏电源都是通过电力电子变流器接入电网，而电力电子变流器与传统同步发电机有着本质区别。电力电子变流器因其快速的动态响应、较小的过载能力、低转动惯量和低短路容量等特性将对电网的静、动态稳定性产生难以忽视的影响。传统电网中的同步发电机具有优良的转动惯性和阻尼特性，并能够参与电网电压和频率的调节，相关控制技术也较为成熟。如果逆变型接入的可再生能源也具有同步发电机的性质，那么可再生能源的控制、消纳将变得更为简单。

虚拟同步发电机技术主要就是在逆变器的直流侧引入一定比例的储能，通过模拟同步发电机的本体、有功调频以及无功调压等特性，使逆变器从运行机制和外特性上都可与传统同步发电机相似，从而实现可再生能源“友好”并网。

如图 4－13 所示，基于虚拟同步发电机的可再生能源控制技术使得并网逆变器能够模拟同步发电机的运行机理、有功调频以及无功调压等特性，使并网逆变器从内部运行机制和外部运行特性上可与传统同步发电机一样，从而能够促进风电、光伏发电上网的稳定性、安全性，防止脱网；可实现追踪电网运行、自动分摊功率、阻尼电网电压和频率过快波动。

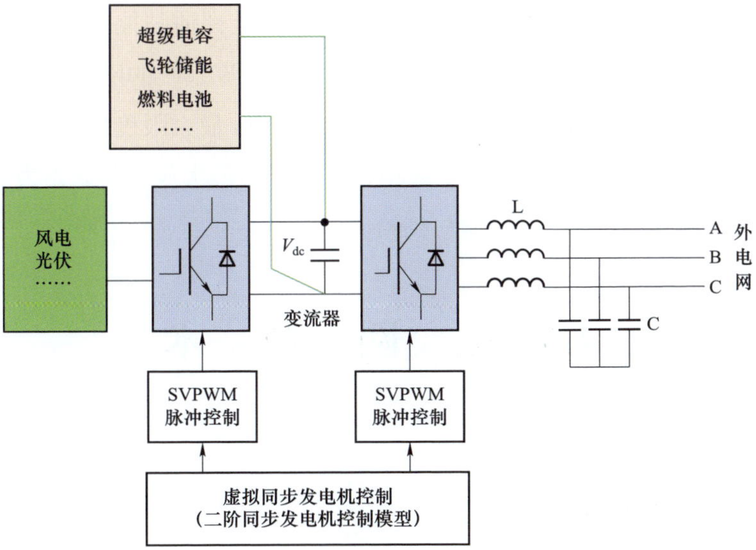

图 4－13　虚拟同步发电机原理

4.5.6 能量管理技术

能量管理系统（energy management system，EMS）是保证电力系统安全、高效运行的核心系统。多能互补系统涉及多能流耦合系统的能量管理技术，多能流耦合中时间尺度跨度大、存在多种异质的能源形式等新情况，因此面向多能互补系统应用，需要新的多能流能量管理技术。多能流的能量管理技术主要涉及以下 3 个方面：

（1）多能流的状态估计。状态估计主要是针对能源系统运行数据的“去伪存真”。多能流系统的数据采集与监视控制系统（supervisory control and data acquisition，SCADA）广泛存在电气量、冷热子网的运行采集量，数据类型较为复杂，且存在一定程度的冗余与耦合关系，需要重新提出适用于多能流的状态估计，通过冗余数据，实现对运行数据的校核。

（2）多能流安全评估与控制。电力系统领域安全评估与控制较为成熟，在静态稳定性、动态稳定性以及紧急控制等方面都有成熟的技术规范，但是多能互补系统中的冷、热子网的安全评估与控制还相对较弱，同时多能流耦合后带来的风险增加、跨空间连锁故障、安全边界等问题，需要多能流安全评估与控制技术进行解决。

（3）多能流的优化调度。多能互补系统中不同能流系统的网络约束和动态过程各异，优化调度是保证多能互补系统安全运行前提下，最大限度保证系统稳定裕度，同时实现经济收益最大化、运行损耗最小、接纳能力最大等目标，下发相应的调度指令，实现能量的合理生产、传输与供给。

4.6 电 网 技 术

4.6.1 特高压输电

在中国的大型能源基地，存在储量丰富的风能、太阳能、煤炭、天然气、水能等，但大多距离负荷中心距离较远。大型能源基地的风、光、火、储等能源打捆互补发电后的电能需要送电通道进行外送至负荷中心。特高压输电具有长距离、大容量、低损耗、占地省、安全性好的特点，能够实现数千千米、千万千瓦级电力输送。1000kV 交流特高压输电线路的输电能力超过 500 万 kW，接近 500kV 超高压交流输电线路的 5 倍。

如图 4－14 所示，电源侧的风、光、水、火、储等能源打捆后进行集中外送，采用特高压直流或者交流输送，形成大容量、低损耗、高效率的能量走廊，为能源大范围消纳、跨地理空间互补提供了技术可能。

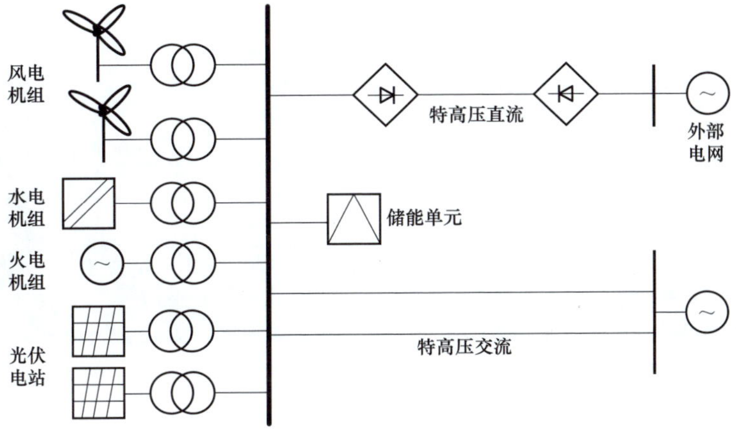

图 4－14　特高压输电技术

（1）交流特高压输电技术。交流特高压输电技术是指 1000kV 及以上电压等级的输电技术。特高输电可以有效提升线路的自然功率、静稳极限，同时通过增大分裂数、分裂圆半径等显著减少线路的波阻抗，从而提升线路的输电能力。据测算，一条 1000kV 交流特高压线路的输电能力等于 4～5 条 500kV 交流线路的输电能力。同时，随着电压等级的升高，相应的线路电流会减小，可有效降低传输过程中的电阻损耗和电晕损耗，提升输电的经济性。

（2）直流特高压输电技术。直流特高压输电技术是指±800kV 及以上电压等级的直流输电技术。特高压直流输电的主要特点是输送容量大、输电距离远、电压高，可用于电力系统非同步联网，控制方式灵活、快速，可以对潮流进行有效调控，有效抑制与其并列的交流线路的功率振荡。图 4－15 为昌吉—古泉±1100kV 特高压直流输电工程中古泉换流站。

与交流特高压输电技术相比，直流特高压输电技术不存在交流输电的稳定问题，能够限制系统的短路电流，实现不同交流系统的异步连接。

图 4－15　昌吉—古泉±1100kV 特高压直流输电工程

4.6.2　智能电网

电网智能化的发展策略是以坚强网架为基础，以用户服务需求为导向，以先进信息、通信和控制技术为手段，以满足经济社会可持续发展为目标，协调有序推进智能电网建设。其核心是充分利用超远距离超大规模输电技术、新能源技术、分布式发电技术、大规模储能技术、信息网络技术和智能控制技术，实现发电、输电、变电、配电、用电、调度和信息通信平台等六环节、一平台和全电压等级智能化。

智能电网是高度信息化的新一代电网，集信息技术、通信技术、自动控制技术、新能源技术、分布式发电技术等众多技术为一体，使电网具有更强的应变能力，成为一个完全自动和主动的供电系统网络。智能电网的特点总体上可以概括为：

（1）自愈性：能够自动检测，分析故障，实施故障隔离和系统的自我恢复。

（2）坚强性：能够有效抵御自然灾害或人为的外力破坏，保证电网的安全可靠运行。

（3）灵活性：增强应对高比例可再生能源能源发电并网的能力，可以容纳集中式发电、分布式发电等不同类型的电源，同时满足用户多样化电力的需要。

（4）互动性：用户和电网可以有自适应互交，成为电力系统的组成部分。可增强需求侧管理和需求侧响应的能力和规模。

（5）经济性：保障实现资源的合理配置，提高能源的利用效率；减少电能损失，降低投资成本和运行维护成本。

（6）协调性：实现电力系统的标准化、规范化，服务于电力市场的发展和运行。

智能电网相较传统电网的优点在于可以针对网络中的各供电节点进行实时的电力调节，有助于分布式能源的推广应用。规模化分布式能源电力的安全高效利用是智能电网建设的核心内容与基本目标。中国智能电网的发展侧重于下面几个方面：

（1）实现清洁能源的充分消纳。构建安全高效的远距离输电网和可靠灵活的主动配电网，实现水能、风能、太阳能等各种清洁能源的充分利用；微电网的利用可以推动分布式光伏、微燃机及余热余压等多种分布式电源的广泛接入和有效互动，实现能源资源优化配置和能源结构调整。

（2）提升输配电网络的柔性控制能力。包括交直流混联电网智能调控、经济运行、安全防御能力，加上储能系统及柔性直流输电工程，可以显著增强电网在高比例清洁能源及多元负荷接入条件下的运行安全性、控制灵活性、调控精确性、供电稳定性，有效抵御各类严重故障，提高供电可靠率。

（3）满足并引导用户多元化负荷需求。建立并推广供需互动用电系统，实施需求侧管理，可以引导用户能源消费新观念，实现电力节约和移峰填谷；同时适应分布式电源、电动汽车、储能等多元化负荷接入需求，可以打造清洁、安全、便捷、有序的互动用电服务平台。

在《电力发展“十三五”规划》中就“互联网+”智能电网建设，中国提出了全面提升电力系统的智能化水平，提高电网接纳和优化配置多种能源的能力，满足多元用户供需互动。实现能源生产和消费的综合调配，充分发挥智能电网在现代能源体系中的作用。

提升电源侧智能化水平，包括加强传统能源和新能源发电的厂站级智能化建设，促进多种能源优化互补。全面建设智能变电站，推广应用在线监测、状态诊断、智能巡检系统，建立电网对各类自然灾害的安全预警体系。推进配电自动化建设，根据供电区域类型差异化配置，实现配电网可观可控。提升输配电网络的柔性控制能力，示范应用配电侧储能系统及柔性直流输电工程。

在此同时构建“互联网+”电力运营模式，推广双向互动智能计量技术应用。加快电能服务管理平台建设，实现用电信息采集系统全覆盖。智能调度控制系统包括应用大数据、云计算、物联网、移动互联网技术，提升信息平台承载能力和业务应用水平。调动电力企业、装备制造企业、用户等市场主体的积极性，开展智能电网支撑智慧城市和社区创新示范区，合力推动智能电网发展。

4.7 分布式能源和微电网

分布式发电是将发电系统以小规模、分散式的方式布置在用户附近，可独立地输出电、热或冷能的系统。它具有节能减排、损耗低、效率高、系统可靠性高、能源种类多等优点。

分布式能源可为电力系统调峰填谷、缓解电力紧张的状况、提高供电可靠性，对偏远地区供电也是一种非常经济的选择。天然气分布式能源项目只需要少量投资增加供冷供热的调峰设备（如燃气发电机与直燃机对接型三联供项目，只要在直燃机上增加补燃的燃烧器；如燃气热电项目只需加装调峰用的燃气锅炉等）便可成为可中断、可调节的发电系统，为周边提供冷热电的同时还可以为电网调峰。另外，分布式能源系统作为一种区域性能源供给系统，主要建设在配电侧，具有因地制宜、就近配套、就近取材、即发即用的特点。

在极端灾害或传统输配体系事故发生之后，分布式能源在一定程度上可确保当地基本能源的供给，切实提高供能可靠性，可以提升整个能源系统的安全性。许多边远及农村地区远离大电网，这些区域无法或者很难享受到大电网建设规模扩大带来的收益，由于远距离供电的投资维护成本过大，或者一些地区因为自然条件不具备建设集中供电网的条件，而分布式发电则很好地解决了这些问题，给不发达地区的供电带来了一条新的解决方法。

为加快建立清洁低碳和安全高效的能源体系，中央和地方政府相应出台了一系列分布式能源政策，2013 年国家发展改革委印发《分布式发电项目管理暂行办法》（国能新能〔2013〕433 号），相继出台了分布式风电、太阳能、生物质发电等专项政策。2016 年，国家发展改革委印发《可再生能源发展“十三五”规划》，规划明确提出：到 2020 年，太阳能发电规模达到 1.1 亿 kW 以上，其中分布式光伏 6000 万 kW，约占 54.5%。其后，全国各地纷纷出台能源相关的政策，在发展分布式能源方面也提出了各自的目标。

4.7.1　分布式太阳能

自 2013 年以来，国家针对分布式光伏发电出台了一系列支持政策，分布式光伏发电的发展不断获得政策红利。2013 年出台的《分布式光伏发电项目管理暂行办法》（国能新能〔2013〕433 号）使分布式光伏发电项目免除了规划选址、土地预审、水土保持、环境影响评价、节能评估及社会风险评估等前置条件，个人投资分布式光伏发电系统则采取更为简便的登记方式管理，并优先获得国家补贴。

2016 年 12 月《能源发展“十三五”规划》中就提出：优化太阳能开发布局，优先发展分布式光伏发电，扩大“光伏+”多元化利用，促进光伏规模化发展。到 2020 年，太阳能发电规模达到 1.1 亿 kW 以上，其中分布式光伏 6000 万 kW、光伏电站 4500 万 kW。

近年来，中国的分布式光伏出现了爆发式增长。《中国清洁能源行业年度发展报告（2017～2018）》显示，2017 年，中国光伏发电装机容量继续保持快速增长，新增装机 53.06GW，连续五年位居世界第一，同比增长 53.6%。其中，分布式光伏新增 19.44GW，同比增长 3.7 倍。截至 2019 年底，全国光伏发电累计装机容量达到 204.3GW，其中光伏电站 141.67GW、分布式光伏 62.63GW。

4.7.2 天然气分布式能源

中国天然气分布式能源发展仍处于起步阶段，2000 年之后中国开始建设真正意义上的天然气分布式能源，陆续建成了以北京燃气大厦调度中心、广州大学城、上海浦东机场、上海黄浦区中心医院等天然气分布式能源示范项目。国家发展改革委 2011 年发布《关于发展天然气分布式能源的指导意见》（发改能源〔2011〕2196 号），提出的主要任务是："十二五"期间建设 1000 个左右天然气分布式能源项目、10 个左右各类典型特征的分布式能源示范区域。提出的目标是："十三五"期间分布式能源项目装机规模达到 50GW，占全国电力总装机容量的近 3%、天然气发电装机容量的 50%，初步实现分布式能源装备产业化。进入"十二五"时期，天然气分布式能源发展明显加快，在上海、北京、广州等大中型城市建设了一批分布式能源项目。

2016 年 4 月，受国家能源局油气司委托，中国城市燃气协会分布式能源专业委员会组织编写了《天然气分布式能源产业发展报告 2016》，根据该报告的统计，截至 2015 年底，中国天然气分布式能源项目（单机容量小于或等于 50MW，总装机容量在 200MW 以下）共计 288 个，总装机容量 1112 万 kW，其中已建成 127 个，装机 140.5 万 kW；在建项目 69 个，装机 160.3 万 kW；筹建项目 92 个，装机容量 811 万 kW。

从项目类型来看，楼宇型天然气分布式能源项目有 133 个，占项目总数的 46%；装机容量为 23.1 万 kW，仅占 2.1%；项目平均容量为 1.7MW。区域型天然气分布式能源项目有 155 个，占项目总数的 54%；装机容量为 1089 万 kW，占 97.9%；项目平均容量为 70.2MW。

从应用领域来看，主要集中在具有冷热电负荷需求的工商业用户，也有一些楼宇项目。其中产业园区（包括工业园区和生态园区等）的项目占项目总数的 37.1%，装机容量占 87.6%；综合商业体项目占项目总数的 7.3%，装机容量占 3.8%；数据中心项目占项目总数的 5.6%，装机容量占 3.5%；楼宇型项目（包括办公楼、学校、医院、平店等）项目占项目总数的 45.1%，装机容量占 4.1%。其他用户（包含工业用户）项目占项目总数的 4.9%，装机容量占 1%。

4.7.3　微电网技术

微电网是指由分布式电源、储能装置、能量转换装置、负荷、监控和保护装置等组成的小型发配电系统。微电网是一个能够实现自我控制、保护和管理的自治系统，既可以与外部电网并网运行，也可以孤立运行。微电网的提出旨在实现分布式电源的灵活、高效应用，解决数量庞大、形式多样的分布式电源并网问题。微电网能为可再生能源多点分散接入配电网提供技术支撑，可以实现中低压层面上分布式电源的灵活、高效应用，解决分布式电源并网运行问题，提高分布式能源的利用率。

微电网依其灵活的配置结构和方便的运行方式在近年来得到广泛的研究和应用，它能在提高电力系统的安全性、可靠性的同时，提高用户的供电质量和电网服务水平，促进可再生能源分布式发电的应用。

另外，微电网技术的应用为工业园区和社区提供了利用分布式能源的条件，也为一些电网覆盖不到的居民用户供电提供了可能。微电网还可以与电网进行联合运营，以降低工业电价，并实现与智能设备的整合。储能系统对微电网来说是必不可少的，是灵活多功能分布式能源应用的重要组成部分，可以显著提高微电网的应用效益。

4.7.3.1　用户侧纯电力集成的微电网

纯电力微电网是以电能为核心的一种用户终端侧多能互补集成模式。微电网既可以与外部大电网并网运行，也可以独立孤岛运行，能够实现对自身的控制、保护和管理。对外部大电网表现为一个可控单元，可以克服分布式电源的随机性及功率波动带来的影响，解决单机接入成本过高等问题。同时，对于用户而言，可以满足微电网内部各种负荷所需的电能质量需求，保证供电的可靠性，从而实现新能源的有效利用。

凭借微电网的运行控制和能量管理等关键技术，可以实现其并网或孤岛运行、降低间歇性分布式电源给配电网带来的不利影响，最大限度地利用分布式电源出力，提高供电可靠性和电能质量。微电网的组网形式多样、网架结构灵活，具有交直流混合、单相—三相混合、高低压混合多种结构形式，交流与直流型微电网示意图如图 4－16 所示。

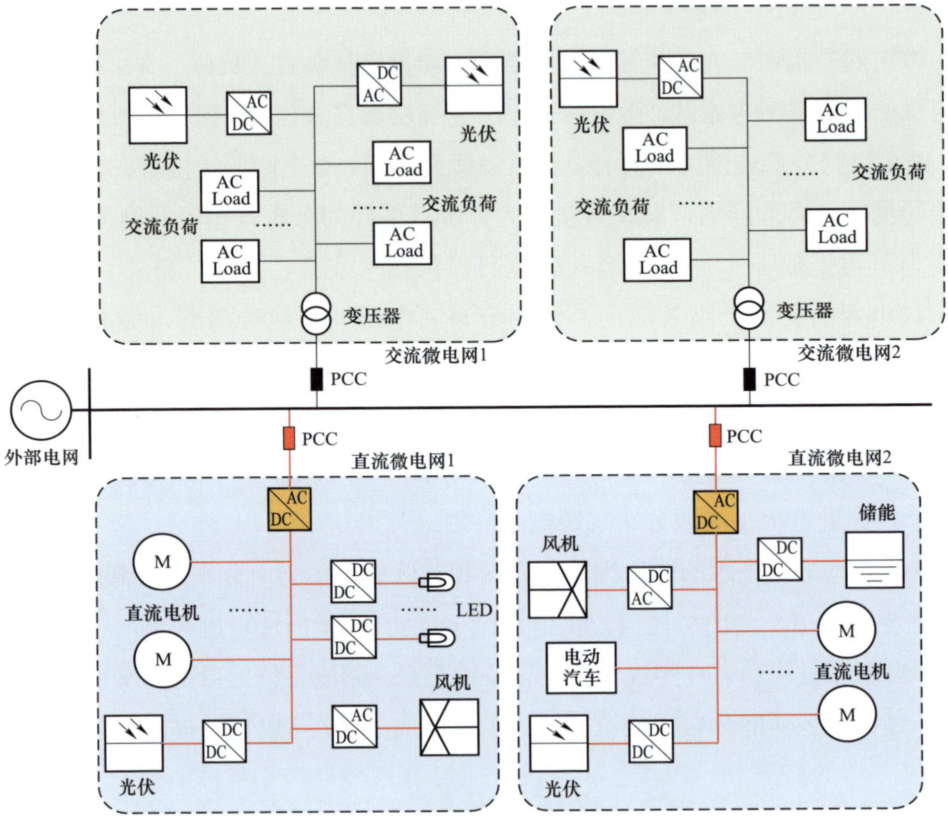

图 4－16　交流与直流型微电网示意图

在微电网概念引入之前，为了保证系统供电安全，一般不允许分布式电源孤岛运行，在系统出现故障时，分布式电源一律退出运行，极大地限制了分布式电源的应用。微电网技术出现后，分布式电源不再以独立的形式并网，而是与当地负荷、储能系统、控制系统等组成微电网后再并网，系统故障时可以断开公共连接点，微电网可以独立运行，为微电网内重要负荷继续进行供电。

微电网可以看作是一个小型的电力系统，也可以看作是配电系统中一个虚拟的电源或负荷，而微电网的运行特性也包含了这两方面含义：一方面是微电网自身的运行特性，这主要是在独立运行时体现；另一方面则是微电网与外部电网的相互作用，这主要在并网运行时体现。图 4－17 给出了微电网的各种运行状态及其之间的相互转化。

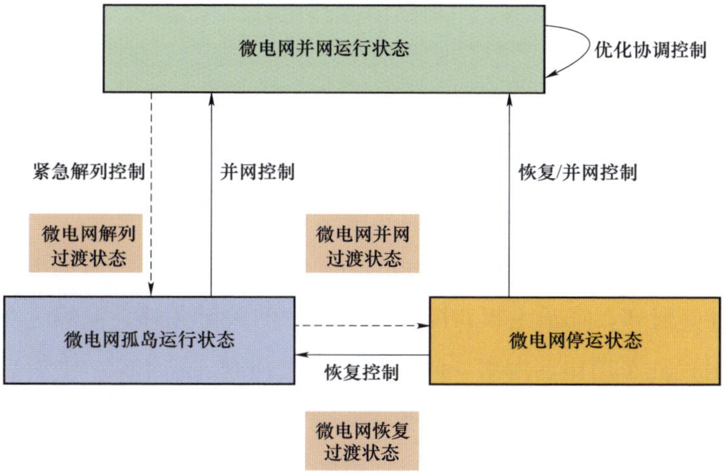

图 4－17　微电网各种运行状态及其之间的相互转化

微电网内分布式电源通过配电设施直接向网内用户供电，“源—网—荷”（分布式电源、配电网、用户）应达成长期用能协议，明确重要负荷范围。微电网以整体形式（独立运营主体）实现与电网的网间电力电量交换，并利用储能设施和自动控制系统，对内部的“源—网—荷”进行优化，实现自主控制和离网自治管理。微电网对内组织分布式电源、储能和用户负荷之间的能源交易，通过统一协调、优化调度的手段，实现微电网内的自平衡；对外以整体形式与外部电网之间进行电力电量交易，并实现外部电网与微电网之间的网对网辅助服务。

中国已建成的微电网试点项目超过 34 个，大致可分为偏远地区微电网、海岛地区微电网和城市微电网三类。

（1）偏远地区微电网：中国已在西藏、青海、新疆、内蒙古等省（自治区）的边远地区建设了一批微网工程，共计 11 个，主要解决当地的供电问题。这类微电网以离网型微电网为主，包括西藏措勤县微电网、内蒙古额尔古纳市太平林场微电网、青海玉树引微电网等。

（2）海岛地区微电网：利用海岛新能源，建设海岛微电网是解决中国海岛供电问题的最佳选择，共建成 10 个，主要是离网型微电网，包括浙江南麂岛微电网、广东珠海市东澳岛微电网、海南三沙市永兴岛微电网等。

（3）城市微电网：城市微电网多集成新能源，可提供高质量及多样性的供电可靠性服务，实现冷热电综合利用等，已建成 13 个，以并网型微电网为主，包括天津生态城公屋展示中心微电网、广东佛山冷热电联供微电网、江苏南京供电公司微电网等。

2017 年 5 月 5 日，国家发展改革委和国家能源局联合发布《关于印发新能源微电网示范项目名单的通知》（发改能源〔2017〕870 号），28 个新能源微电网示范项目获批，包括并网型项目 24 个和独立型项目 4 个。

中国海岛数量众多，面积大于 $500m^2$ 的海岛有 6961 个，海岛电力保障是实现岛屿有人居住、值守、宣示主权、捍卫战略要冲的关键条件，但偏远海岛电力稳定一直以来是困扰驻军用电、海事、通信等的重大问题。近年来，中国启动了大量与微电网密切相关的项目、课题、技术攻关，包括浙江南麂岛、鹿西岛、东福山岛微电网、江苏连云港车牛三岛微电网等，项目的顺利实施意味着中国已突破困扰全球海岛电网运行的诸多难题。

4.7.3.2 综合能源系统

冷热电三联供（combined cooling heating and power，CCHP）是一种分布式供能模式，以燃气为主要原料，通过对其产生的热水和高温废气的利用，以达到冷—热—电需求的一个能源供应系统，通常由燃气轮机、微燃机或内燃机发电机、溴化锂制冷装置、热交换装置组成。该系统可以实现能源的梯级利用。

针对用户侧电、热、冷三种主要最终能源形式需求，逐步发展成为综合能源系统模式。综合能源系统模式是在用户侧考虑常规能源和多种分布式可再生能源，在规划、建设和运行等过程中，以能源站为枢纽、能源网络为载体，依托信息通信、信息管理等技术，通过对能源的产生、传输与分配、转换、存储、消费等环节进行有机协调与优化后，满足用户多种能源需求，形成高度集成化的供能系统，主要由供能网络（如供电、供气、供冷/热等网络）、能源交换环节（如冷热电三联供机组、发电机组、锅炉、空调、热泵等）、能源存储环节（储电、储气、储热、储冷等）、终端综合能源供用单元（如微网）和大量终端用户共同构成，综合能源系统模式如图 4-18 所示，综合能源系统可以实现能源生产、传输、储存、利用全过程的清洁高效、节能环保、互补协调和安全优质。

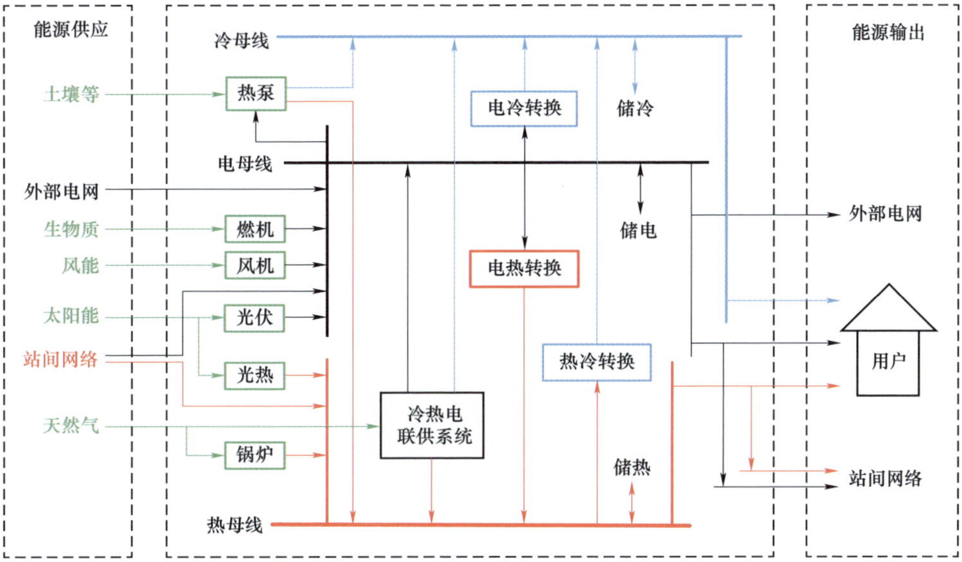

图 4-18　综合能源系统模式

综合能源系统可能涵盖集成的供电、供气、供暖、供冷、供氢和电气化交通等能源系统，以及相关的通信和信息基础设施。传统的能源系统相互独立的运行模式无法适应综合能源系统多能互补的能源生产和利用方式，在能量生产、传输、存储和管理的各个方面，都需要以考虑运用系统化、集成化和精细化的方法来分析整个能源系统，进而提高系统鲁棒性和用能效率，并显著降低用能价格。

综合能源系统一般由输入侧、输出侧以及中间能量生产、转换与存储环节三部分组成。在输入侧，能源站充分利用当地的风电、太阳能、生物质能和地热能等可再生资源，另一方面，其还与外部电网和天然气网连接，外部电网作为综合能源系统的后备电源，除此之外，输入侧还包括从其他能源站传输来的电能与热能；在输出侧，能源站除了供给周边用户冷、热和电能，多余的电力还可以上网或者传输给其他能源站，多余的热能也可以供给周边能源站。

在中间的环节，冷、热、电三根母线分别汇集相应的能流，并且可以通过相应的能量转换设备实现三种能流之间的相互转换，同时各母线还配备了相应的储能单元，例如风能与生物质能分别经过风机和燃机转化成电能接入母线，热泵机组消耗电能，利用地热能等实现冬天供热、夏天制冷，输入的太阳能既可通过集热器转化成热量又可通过光伏转化成电能，输入的天然气既可通过锅炉转换成热量，又可作为冷、热、电联产系统的燃料，生产冷能、电能和热能。

用户侧各能源子网之间可以通过电导线和热管道连接，形成能源网络，各能源子网都与外部电网、天然气网连接，而区域内的热网为独立系统，不与市政热网连接。在系统的运行过程中，区域内的多个能源站之间进行协调互济，各能源站内的多种能源和多种能流相互转化、优势互补。

第 5 章

能源供应技术应用案例分析

5.1 多能互补集中发电项目

5.1.1 河北省张家口市国家风光储输示范工程

5.1.1.1 项目概况

风电和光伏发电等新能源固有的波动性、随机性、间歇性等特点，存在难预测、难调度和难控制等技术难题，制约了大规模集中开发送出。为攻克这些技术难题，国家电网有限公司在无任何工程建设先例可参考的情况下，立足实际情况，提出世界首创的风光储输技术路线，建成投运国家风光储输示范工程。国家风光储输示范工程（简称“示范工程”）位于河北省张家口市张北县西部的大河乡及尚义县东部套里庄乡交界处，是世界上规模最大、综合利用水平最高，集“风力发电、光伏发电、储能系统、智能输电”于一体、首个集中体现风光储输联合发电先进性和创新性的新能源综合性示范项目。

该示范工程规划建设风电 500MW、光伏 100MW、储能 70MW：其中一期工程建设风电 100MW、光伏 40MW、储能 20MW，于 2011 年 12 月 25 日建成投产；二期工程规划建设风电 400MW、光伏发电 60MW、储能 50MW，2014 年底除储能和大容量风机外已实现全容量投产发电。示范工程采用全球首创的“风光储输联合发电”技术路线，开展风光储联合发电出力互补机制及优化配置研究、多类型电池储能电站系统集成技术研究、联合发电系统集成技术及全景监测与协调控制等技术研究，成功实现了新能源发电的平滑输出，为破解其大规模开发利用的世界性难题给出了答案，使清洁能源成为最有可能替代火力发电的电源形式。

5.1.1.2 关键技术

（1）大规模风光储输应用模式。该示范工程首创大规模风光储输应用模式，全面揭示风光储出力互补规律及与送出电网的耦合机制，建立了大规模风光储理论模型，支撑国家风光储输示范工程建设及示范运行，开创中国综合开发新能源的新途径。

1）建立了计及多应用目标、多时间尺度与多需求响应的储能与风光出力互补模型。

2）首次建立风光储联合发电系统与电网耦合关联理论模型。

3）首次开发风光储联合发电系统容量优化配置配比软件，并已经示范工程实证。

（2）风光储并网主动控制关键技术。攻克了风光储并网主动控制关键技术，提出有功、无功协调控制方法，建立风光发电汇集区域调度模型，自主研发百兆瓦级风光储全景监控系统，实现新能源发电和电网调度的友好互动，提升了电网新能源接纳能力。

1）突破风光储联合发电多种类设备信息交互瓶颈，建立统一信息模型和通信协议，构建一体化高速实时信息融合平台。

2）首次实现风电场、光伏电站、储能电站和智能变电站四位一体的可视化全景监测与综合控制。

3）首次提出多组态时序出力优化和多源无功电压自动协调控制方法，实现功率平滑、跟踪计划、调峰调频和电压控制等功能，达到接近常规电源的发电品质。

（3）大容量电池成组及电池储能大规模集成技术。突破大容量电池成组及电池储能大规模集成技术，自主开发分层耦合实时控制系统，构建世界最大规模多类型储能电站，控制精度、能量转换效率及响应速度等核心性能参数达到国际领先水平。

1）提出计及电池动态一致性的大容量成组技术及电池系统级联技术，实现世界上规模最大的多类型电池储能电站系统集成，能量转换效率大于 90%。

2）开发集中控制与分布调控相互耦合的储能监控系统，实现储能电站整体响应时间小于 900ms、出力误差小于 2%。

3）开发储能电站协调控制与能量管理软件，首次在同一储能电站实现多种高级应用功能。

（4）大容量风光储联合发电系统状态评估技术。攻克大容量风光储联合发电系统状态评估技术，建立基于可靠性和发电性能双重指标维度的状态评估体系，开发首套风光储发电设备状态评估辅助决策系统，保障了示范电站安全可靠运行，发挥国家示范工程运维技术引领作用。

1）首次提出风光储发电系统的设备状态评估指标方法，建立高效评估体系。

2）开发首套集状态评估分析、智能故障诊断与检修指导、电站生产辅助管理为一体的状态评估辅助决策系统。

3）发布涵盖调试验收、运行维护、技术监督等系列标准。

（5）集成国内最先进的装备技术。集成国内最先进的装备技术，成功示范了提高新能源发电品质和电网接纳能力的综合效应，成为新能源发电领域技术成果展示平台、关键设备检验平台以及科学研究孵化平台。

1）集中展示和比较多种新型风电、光伏设备应用性能，推动了国产新能源装备产业升级。

2）首次实现直挂式动态无功补偿装置（static var generator，SVG）在新能源电站的应用、光伏电站全天候参与电网无功调节等应用，大幅提高了动态无功支撑能力。

3）首次引入智能变电站参与示范运行，充分满足风光储不同组态和配比的应用研究需求。

5.1.1.3 系统构成

示范工程以“电网友好型”新能源发电为目标，集成电网、风电、光伏和储能等领域的先进技术，是一个集“先进性、灵活性、示范性”为一体的新能源综合示范工程。

（1）风电场。风电场分两期建成，涵盖了国内已有的 1.0、2.0、3.0、5.0MW 等不同容量的机组，涉及金风、许继、湘电等不同厂家，采用双馈风机、直驱风机、垂直轴风机等不同种类的风电机组，共 177 台，建成了中国首个机型最多的并网友好型风电场，引领陆上风机容量大型化、运行高效率的发展趋势。

（2）光伏电站。光伏电站一期总容量共 40MW，包括示范区和试验区。示范区均采用多晶硅光伏组件搭配固定式支架，容量共计 28MW；试验区组件类型包含多晶硅、单晶硅、非晶薄膜、背接触式以及高倍聚光等多种形式，分别搭配固定式、斜单轴、平单轴和双轴跟踪系统，实现了不同组件和跟踪系统的多种组合和分析比较。基于一期运行效果并综合考虑成本因素，光伏电站二期全部选用多晶硅光伏组件搭配固定式支架。

（3）储能电站。储能电站一期涵盖四种类型的电化学储能电池，包括磷酸铁锂电池 14MW/63MWh、全钒液流电池 2MW/8MWh、胶体铅酸电池 2MW/12MWh、钛酸锂电池 1MW/0.5MWh。磷酸铁锂电池采用了比亚迪、东莞新能源等多个厂家的设备，已在一期工程投运。储能电站二期采用了 3MW 电动汽车电池梯次利用，以及 2 套 5MW 电站式虚拟同步机，共计 10MW，剩余的 37MW 储能将根据技术和产品研发进展适时开展示范应用。

5.1.1.4　运行情况

示范工程利用风光储联合监控系统统筹调配风力发电、光伏发电、储能装置等设备的联合出力，实现风光储七种运行模式（风、光、储能、风光联合、风储联合、光储联合、风光储联合）的自动组态，并通过风光储联合发电运行模式的多组态切换，进行平滑出力、跟踪计划、削峰填谷、调频等，在一定程度上实现了新能源发电的可预测、可控制、可调度。风光储七种组态运行模式如图 5－1 所示。电站借鉴了无源低通滤波策略并加以改进，通过储能系统的充放电保证风光储联合发电系统的总出力平滑稳定，功率变化率小于国家标准规定的限值，接近常规电源水平，可实现联合出力 10min 内波动率小于 5%（见图 5－2）。

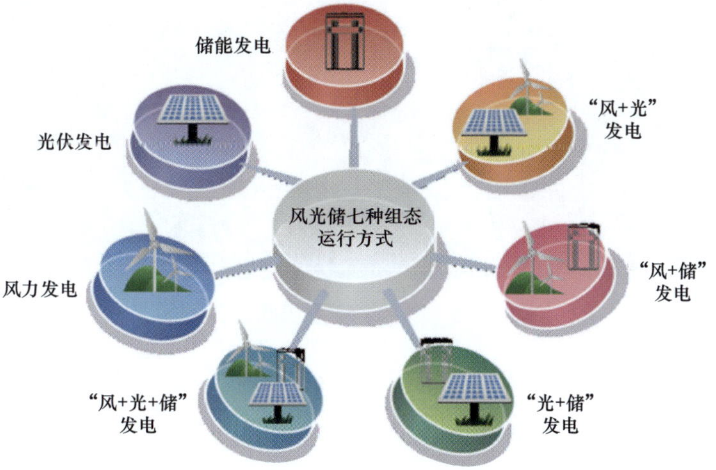

图 5－1　风光储七种组态运行模式

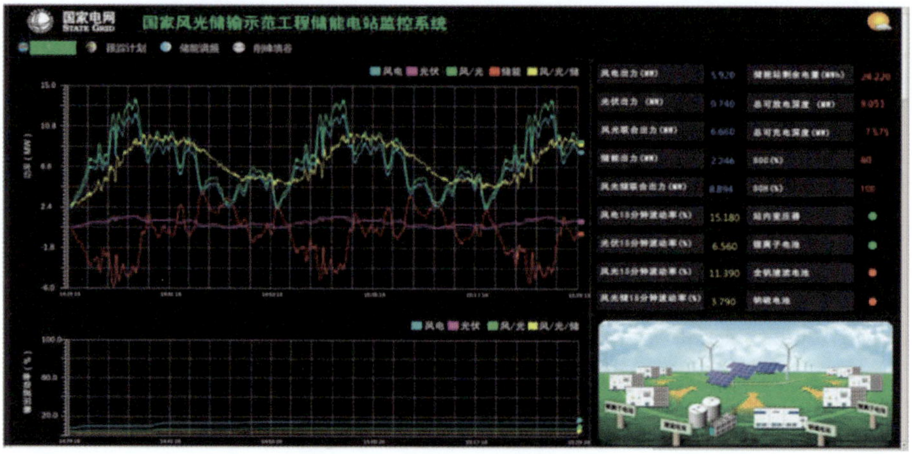

图 5-2　储能平滑风光波动

风光储联合监控系统根据当天电网调度机构下发的发电计划曲线自动调整出力，实时监测储能系统充电或放电容量并充分发挥风电、光伏最大出力，当风电、光伏发电出力满足发电计划时，将剩余电量充进储能系统，风电、光伏出力不满足计划时储能系统释放储存电量，可实现联合出力跟踪计划偏差小于3%（见图 5-3）。

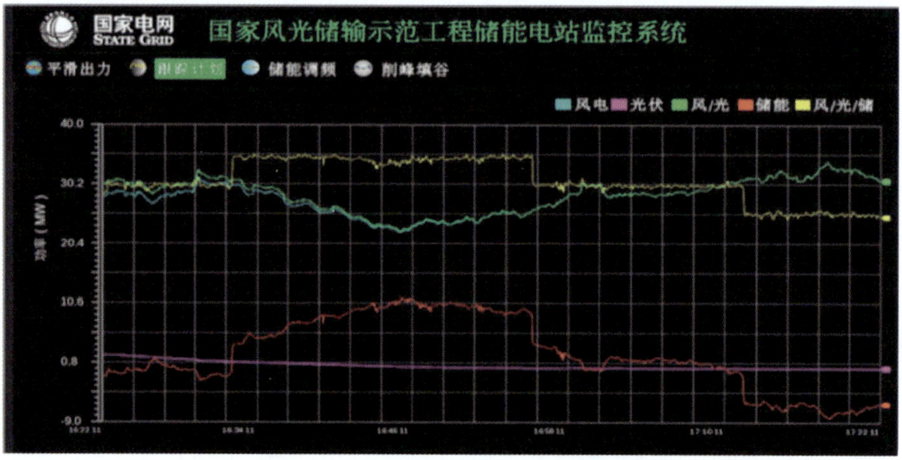

图 5-3　联合发电系统跟踪计划

风光储联合监控系统根据风光资源和负荷需求情况使储能系统持续工作在充电或放电状态下。在夜间或特殊时段负荷较小，而风电、光伏发电出力较大时，储能系统工作在充电状态下；在白天用电负荷高峰，储能系统将所吸收的电能放出，实现峰谷转移（见图 5-4）。

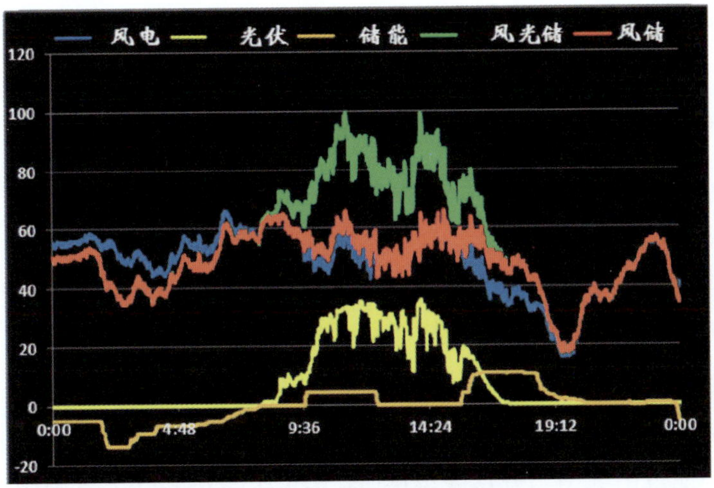

图 5-4　联合发电系统削峰填谷

上级调度通过与风光储联合监控系统的信息交互，实时掌握储能系统的当前状态，基于对当前储能系统状态的判断，下发自动发电控制指令，储能系统以秒级快速响应系统的功率需求，达到参与系统调频的目的，偏差基本小于 0.5%（见图 5-5）。

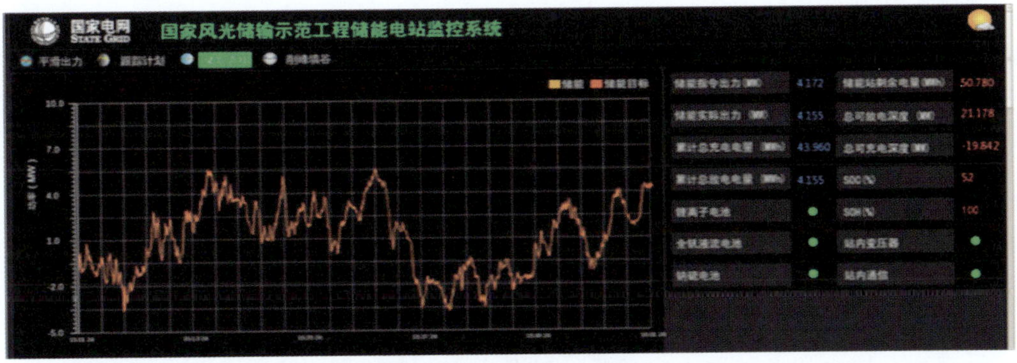

图 5-5　储能参与调频

示范工程以多项国家科技计划为支撑，通过自主创新，掌握了新能源大规模开发利用关键技术。

（1）攻克了风光储联合发电运行调控的世界性难题，统筹控制风电、光伏、储能出力叠加，发挥储能瞬时充电放电特性，迅速精准调节风光输出，使新能源总出力平滑可控，达到常规电源水平。

（2）掌握了风电、光伏、储能装备全项检测技术能力，促进了设备整体水平提升，设备可利用率显著提高，解决了大规模风电脱网问题（2013 年后已不再发生大规模风电脱网事故）。

5.1.1.5 社会经济效益

工程自投产以来总体运行平稳，目前累计输出超过 41.78 亿 kWh 优质绿色电能。通过自主创新和科研攻关，风电机组年均可利用率由 93.1%提高到 95.9%，光伏单元年发电量提高了 12.85%。参照国际通用模式，按照年发电量 12.5 亿 kWh 计算，示范工程每年将折合节约标准煤 42 万 t，减少二氧化碳排量 90 万 t。

示范工程取得了多项关键技术突破，其中大容量风光储容量配比优化技术、集成技术和运行控制技术，已应用于青海、甘肃、宁夏等地，推广应用成效显著。示范工程开启了储能规模化应用先河，推动国内总装水平迅速发展，产业规模扩大 40 倍，成本下降了 78%。示范工程的权威性测试成果打破了发达国家行业垄断，国产风电机组已出口至 30 个国家，出口量增加 20 倍。工程取得的巨大成果已经得到推广，成为国家新能源示范区建设的重要支撑，为实现北京 2022 年零碳奥运创造了坚实的条件。

5.1.2 龙羊峡水光互补工程

5.1.2.1 项目概况

青海省海南州共和县拥有丰富的太阳能资源和水力资源，全境光照充足，太阳辐射强烈。境内的龙羊峡水电站是一座具有多年调节性能的大型综合利用枢纽工程，装机容量 1280MW，多年平均年发电量 59.42 亿 kWh，装机年利用小时 4642h，水库调节库容 193.5 亿 m^3，库容大，补偿能力强。龙羊峡水光互补工程运行调度采用“以水定电，以电调水”的方式，具有与光伏电站进行互补运行的库容和调度条件。

85 万 kW 龙羊峡水光互补光伏发电项目距龙羊峡水电站直线距离约 30km，是全球最大的集中式并网光伏项目，也是国际上第一次采用水光互补协调运行发电控制方式的并网光伏电站。龙羊峡水光互补光伏发电项目利用水能、光能的互补性，依托水轮发电机组的快速调节能力和水电站水库的调节能力，调整光伏电站的有功出力达到平滑、稳定的发电曲线，有效弥补独立光伏电站的不足，提高了电力系统的安全性和稳定性。龙羊峡水光互补示意图和水电站外景分别如图 5－6 和图 5－7 所示。

图 5－6 龙羊峡水光互补示意图

图 5－7 龙羊峡水电站外景

龙羊峡水光互补光伏电站以一回 330kV 线路接入已建的龙羊峡水电站备用进线间隔，利用龙羊峡水电站的 5 回送出线路与龙羊峡水电站共同接入系统。光伏电站分两期开发建设，一期为 32 万 kW，设计年均发电量 4.98 亿 kWh，于 2013 年

12 月投产发电；二期为 53 万 kW，设计年均发电量 9.36 亿 kWh，于 2015 年 9 月初全部投产。

5.1.2.2 项目特点

龙羊峡水光互补光伏发电项目利用水电站可调节库容和水轮发电机组快速调节能力，提出水电与光伏发电联合运行思路，优化光伏电站电能质量，提升水电站调峰调节和备用能力，达到水电与光伏发电互补的双赢格局，为电网提供更为安全稳定的电能。

（1）该项目将 850MWp 光伏电站视为“虚拟水电机组”接入龙羊峡水电站，通过水轮机组的快速调节，将原本光伏间歇、波动、随机的功率不稳定的锯齿型光伏电源，调整为均衡、优质、安全、更加友好的平滑稳定电源，以两个电源组合的电量，利用龙羊峡水电站的送出通道送入电网。图 5－8 给出了龙羊峡水光互补协调运行曲线。通过大量的实验数据表明，龙羊峡水电站的调峰、调频性能没有受到任何影响，反而得到加强：

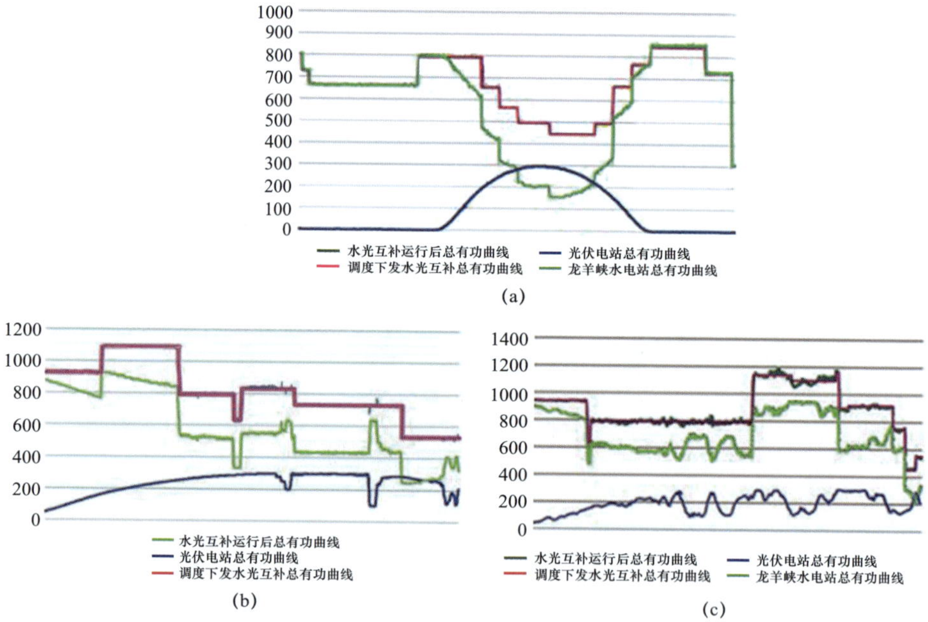

图 5－8 龙羊峡水光互补协调运行曲线

（a）3 月 15 日晴天，水光互补协调运行曲线；（b）3 月 8 日晴转多云，水光互补协调运行曲线；（c）3 月 9 日多云，水光互补协调运行曲线

1）电力系统旋转备用容量节约 70%（容量为 40 万～60 万 kW）。

2）增强龙羊峡调峰调频能力：18%（晴天）、9%（阴天）、5%（雨天）。

3）龙羊峡输电送出能力提高 22.4%。

4）提升电网电能质量，让电源变得更均衡、优质、安全、友好。

（2）该光伏园同时也是百兆瓦国家级太阳能发电实证基地，实证基地有电池组件、逆变辑、支架型式、设计对比、综合对比 5 个试验区，组件、逆变器 2 个室内外测试平台，并预留后续新技术、新产品的试验区。

5.1.2.3 项目成果

（1）提出了“虚拟水电”概念，确定了水光互补控制原则和策略，编制了大规模水光互补试验方案及程序，提出了水电站参与调节设备的性能及特性。

（2）水光互补技术在国际上尚属首例，成果处于国际领先技术水平，为中国清洁能源发展提供了多能源互补的新型发展模式。

（3）龙羊峡水光互补光伏发电项目的研究与实践证明，水光互补技术对水电站调节库容的要求不高，具有一定调节库容的水电站均可配置。

（4）对容量的光伏电站与之互补调节，证明水光互补技术具有广泛的推广价值。

5.1.2.4 社会经济效益

项目投运以来，光伏电站作为组合电源的基荷稳定发电，避免了单独光伏电站的限电弃光问题。利用水轮发电机组的快速调节能力和龙羊峡水库的调节能力调节光伏电站的有功出力，达到平滑光伏发电曲线、提高光伏发电电能质量的目的。

通过水光互补，龙羊峡水电站送出线路年利用小时可由原来运行的 4621h 提高到 5019h，大幅提高了水电站的经济效益，实现了国有资产的保值增值。850MWp 龙羊峡水光互补光伏电站一年可发电 14.94 亿 kWh，对应到火力发电相当于一年节约标准煤 18.356 万 t，减少二氧化碳排放约 48.09 万 t、二氧化硫 1560.56t、氮氧化物排放 1358.34t，创造了良好的社会生态环境效益。

5.2 清洁燃煤发电项目

5.2.1 百万等级高效超超临界泰州电厂

5.2.1.1 项目概况

泰州电厂位于江苏省泰州市高港区永安洲镇，现有燃煤超超临界机组 4×4000MW，是江苏省最大的火电厂。

一期工程建设 2×1000MW 超超临界燃煤机组，是中国第一批大容量超超临界发电机组之一，为国家“十一五”重点项目。机组三大主机均由哈尔滨电气集团生产。两台机组分别于 2007 年 12 月和 2008 年 3 月正式投产。

二期工程建设 2×1000MW 超超临界二次再热燃煤发电机组，是科技部“十二五”科技支撑计划项目和国家能源局高效燃煤示范项目。机组三大主机均由上海电气（电站）集团生产，两台机组分别于 2015 年 9 月和 2016 年 1 月建成投产，其中 3 号机组是世界首台 1000MW 超超临界二次再热燃煤发电机组。

5.2.1.2 项目特点

（1）电厂综合效率高。一期 2×1000MW 超超临界燃煤机组技术先进，供电煤耗仅为 285g/kWh。二期机组采用了更先进的二次再热技术，设计主蒸汽压力 31MPa、主蒸汽温度 600℃、再热汽温度 610℃/610℃；设计发电效率 47.71%，发电煤耗 257.79g/kWh。额定负荷下，汽机主汽压力 31.00MPa，主汽温度 600℃，一次再热汽温 610℃，二次再热汽温 610℃，真空 96kPa，给水温度 316℃，均达到设计要求。

三年的运行实践表明，二期机组发电煤耗分别为 256.91、256.15g/kWh，比国外最高水平低 6.6g/kWh，比国内最好的一次再热机组平均值低 6g/kWh；发电效率分别为 47.82%、47.95%，高于当今世界最高水平 0.95 个百分点。从投运至 2018

年 12 月中旬，两台示范机组总发电量 383 亿 kWh，与国内最佳百万机组电厂相比，节约标准煤 24.18 万 t，折合减排二氧化碳近 67.69 万 t、烟尘 9.58t、二氧化硫 59.22t、氮氧化物 117.5t。二期机组的煤耗与常规超超临界一次再热机组的煤耗比较如表 5－1 所示。

表 5－1　二期机组的煤耗与常规超超临界一次再热机组的煤耗比较

项目	常规超超临界 2×1000MW	国电泰州电厂二期 2×1000MW
蒸汽参数	25MPa 600/600℃	31.0MPa 600/610/610℃
汽机热耗率（kJ/kWh）	7350（平均）	7040
锅炉效率（%）	94	94.65
管道效率（%）	99	99
发电效率（%）	45.58	47.92
发电煤耗（g/kWh）	270	256.28
年耗标准煤（t）	297×10^4	281.9×10^4
年节约标准煤（t）	0	151 000

注 ① 利用烟气余热技术降低汽轮机热耗率 30 kJ/kWh。
② 年利用小时按 5500h。

二期机组在设计中采用了一系列先进技术。

1）基于成熟的耐热钢材料，从高效和安全可靠角度将主机参数提高至 31MPa，600/610/610℃。主汽压力从 25MPa 提高至 31MPa，提高热力循环效率，可降低汽轮机热耗 56kJ/kWh（标准煤耗约 2g/kWh）；再热汽温从 600℃提高至 610℃，提高热力循环的平均吸热温度，从而提高热力循环效率，可降低汽轮机热耗 16kJ/kWh（标准煤耗约 0.6g/kWh）。

2）采用的“四级高压加热器、五级低压加热器、一级除氧器和两级外置式蒸汽冷却器”二次再热汽轮机十级回热系统，相比一次再热八级回热系统，提高机组热效率 1.8%，可降低汽轮机热耗 48kJ/kWh（标准煤耗约 1.8g/kWh）。

3）综合利用烟气余热，脱硫吸收塔之前烟道通过设置低温省煤器来加热凝结水，可降低汽轮机热耗约 30kJ/kWh（标准煤耗约 1.1g/kWh）。

4）主蒸汽及再热蒸汽系统管道在局部采用弯管 降低局部阻力，减少流动损失，可降低热耗 10kJ/kWh（标准煤耗约 0.4g/kWh）。

5）循环水冷端优化按照年最小费率法，确定循环水供水系统主要设备的参数，针对该工程的机组特性、气象条件，通过能端优化技术，降低循环水水温，同时也降低机组运行背压，由常规的 5.1～5.2kPa 调整到目前的 4.5kPa，可节约煤耗约 1g/kWh。

图 5–9 为泰州电厂二期机组采用先进技术后的汽机热耗率降低情况。

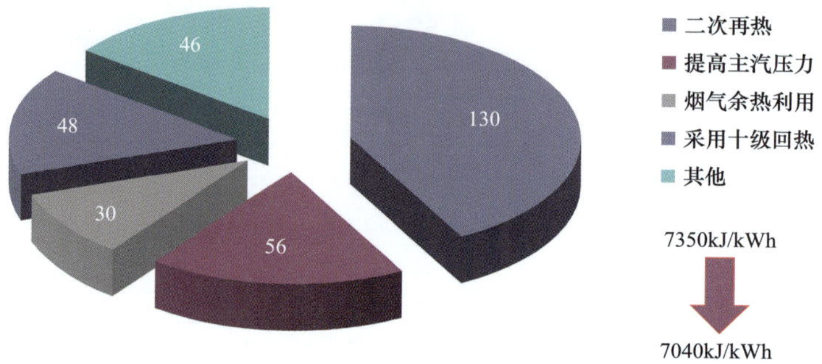

图 5–9　泰州电厂二期机组采用先进技术后的汽机热耗率降低情况

（2）电厂污染物排放水平低。电厂燃用神华煤，收到基低位发热量 23.44MJ/kg，哈氏可磨系数为 55，全水分 15.5%，灰分 8.8%，挥发分 28%，硫分 0.6%。锅炉由上海锅炉厂制造。电厂采用超低排放技术，燃煤锅炉烟气采用 SCR 脱硝、静电和湿法除尘、石灰石—石膏湿法脱硫等工艺。二期两台机组脱硫效率为 99.2%/99%，高于设计值 98.6%；脱硝效率为 86.4%/88.7%，高于设计值 80%。泰州电厂机组排放指标如图 5–10 所示，各项环保指标优于国家超低排放限值。

此部分环保设施设计的特点为：

1）采用湿式电除尘器，除尘效率不低于 70%。烟囱出口的粉尘浓度不大于 3.3mg/Nm^3。

2）前置泵与给水泵同轴布置，直接由小汽轮机驱动，减少泵组机械损失，降低厂用电率，厂用电率可下降约 0.2%。凝泵采用深度变频技术，在机组部分负荷下调节凝结水泵的转速，从而提高凝泵部分负荷下的运行效率，最终可降低厂用电率，在电厂年平均负荷率为 70%的情况下，厂用电可下降 0.25%，有效节约年运行费用。

3）电除尘器采用高频电源电控技术，粉尘排放降低约 30%，在提高电除尘器除尘效率的同时大幅度节能，节能达 50%～80%，厂用电降低 0.12%。

4）采用低氮燃烧及高效脱硫技术。在主燃烧器上方布置两级分离燃尽风，通过深层次的空气分级，有效控制炉内燃烧过程中 NO_x 的生成。单塔双循环脱硫工艺是将喷淋空塔中的 SO_2 吸收氧化过程划分成两个阶段，两个阶段各自形成一个回路循环。针对示范工程煤质，锅炉出口 NO_x 排放低于 180mg/Nm^3，SCR 脱硝效率达到 80%以上，实现 NO_x 排放不高于 36mg/Nm^3。采用高效的单塔双循环脱硫工艺后，脱硫效率不小于 98.6%，设计煤种 SO_2 排放浓度不高于 17.9mg/Nm^3。

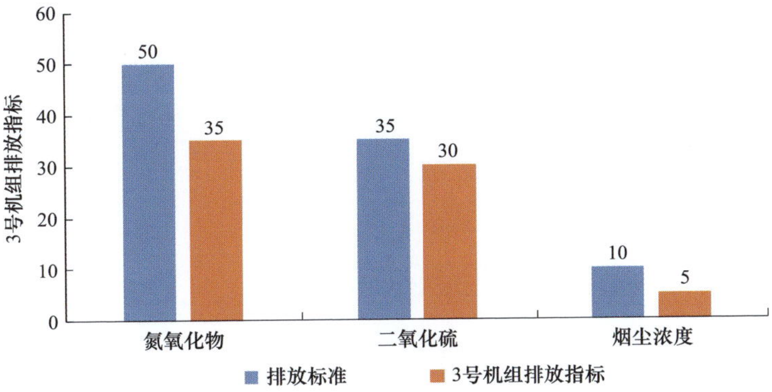

图 5-10　泰州电厂机组排放指标

5.2.1.3　电厂管理

（1）实施标准化管理。制订一系列标准化管理表单，从图纸管理、规程制定到定期工作，严格按照国家标准的要求，实施标准化管理，实现了作业流程标准化。标准化管理表单如表 5-2 所示。

表 5-2　　标准化管理表单

正差指标清单	负差指标清单
供电煤耗	制粉电耗
发电厂用电率	再热汽温
汽机热耗率	排烟温度
脱硫电耗	飞灰含碳量
循泵电耗	炉渣含碳量
锅炉氧量	给水温度
凝汽器端差	再热器减温水

（2）实施对标管理。应用“三化一素”管理法（即规范化运作、协同化经营、差异化管理和全要素控制）开展系统对标管理。供电煤耗、发电厂用电率、主汽温、再热汽温、排烟温度等指标均与国内同类型先进机组，与设计值、与历史 最优值实施对标，并列出正差和负差指标清单。通过正差分析，形成脱硫运行技术措施、循泵运行技术措施、燃烧调整、吹灰方式调整等多项技术措施，效果也十分明显。对于负差指标，分析找出原因，并确定整改实施方案。发现并解决了锅炉排烟温度高、飞灰含碳量高、给水温度偏低、再热器减温水量偏大等 7 个技术难题。

（3）开展多个指标竞赛活动。竞赛内容涵盖机组经济指标、安全生产指标、培训指标、合理化建议等共 128 个指标。有效激发了员工参与运行参数调整的积极性，促进了机组节能降耗运行。

5.2.2 江苏华美热电循环流化床项目

5.2.2.1 项目概况

江苏华美热电有限公司 2×350MW 超临界循环流化床热电联产机组，于 2014 年 3 月 18 日开工建设，1 号机组 2016 年 1 月 31 日完成 168h 满负荷试运行，2 号机组 2016 年 2 月 27 日完成 168h 满负荷试运行。图 5－11 是江苏华美热电有限公司全貌。

图 5－11　江苏华美热电有限公司全貌

该项目接入徐州地区 220kV 电网，有效缓解江苏省和徐州地区电网供电的紧张状况。以集中供热的高参数和高效率锅炉取代低效燃煤小锅炉，对于大部分民用和工业供热，以大代小的方式可有效提高热效率。该工程具有明显的减排效益、环境效益。

华美电厂锅炉采用东方锅炉厂自主研发的超临界、单炉膛、一次中间再热、固态排渣、循环流化床锅炉，汽轮机采用东方汽轮机有限公司生产的 360MW 超临界、一次中间再热、单轴、高中压分缸、三缸两排汽、双抽凝汽式汽轮机，发电机采用哈尔滨电机厂生产的水氢氢冷发电机。

350MW 超临界 CFB 项目设计煤种为收到基灰分 34.58%、收到基低位发热量 17 300kJ/kg 的低热值煤，校核煤种收到基灰分 46.43%、收到基低位发热量 13 080kJ/kg，项目采用的 CFB 锅炉对燃料的适应范围较广，详细情况如表 5－3 所示。

表 5－3　设计煤种和校核煤种元素表

	项目	单位	设计煤种	校核煤种
工业分析	收到基全水分	%	9.40	8.60
	空气干燥基水分	%	1.16	1.04
	收到基灰分	%	34.58	46.43
	干燥基挥发分	%	24.67	20.98
收到基低位发热量		kJ/kg	17 300	13 080
哈氏可磨系数			86	77
元素分析	收到基碳	%	44.59	34.56
	收到基氢	%	3.01	2.54
	收到基氧	%	6.49	6.34
	收到基氮	%	0.81	0.61
	收到基硫	%	1.12	0.92

5.2.2.2　机组运行绩效

（1）机组能效控制。在能耗和水耗控制方面，华美 350MW 超临界 CFB 项目充分展现了高参数、大容量超临界 CFB 先进机组的技术水平，机组设计供电标准煤耗 304.9g/（kWh），性能试验测试 1、2 号机组供电煤耗分别控制在 302.9g/（kWh）

和 301.7g/(kWh)，综合厂用电率设计值为 6.4%，性能试验测试 1、2 号机组分别为 5.82% 和 5.77%。全厂水耗设计值为 $0.71m^3/(s\cdot GW)$，性能测试结果控制在 $0.58m^3/(s\cdot GW)$，机组性能指标如表 5-4 所示，性能测试结果各项指标大多显著优于设计指标。

表 5-4　　华美电厂 350MW 超临界 CFB 机组性能指标表

序号	指标名称	设计值	性能试验测试	
			1 号机组	2 号机组
1	机组供电煤标煤耗（g/kWh）	304.9	302.9	301.7
2	全厂综合厂用电率（%）	6.4	5.82	5.77
3	锅炉热效率（设计煤种、低位发热值）（%）	92.7	92.7	92.7
4	汽轮机在 THA 工况下热耗（kJ/kWh）	7610	7609.3	7602.4
5	发电机效率（%）	98.96	98.96	98.96
6	布袋除尘器效率（%）	99.97	99.97	99.97
7	脱硫装置效率（%）	98.6	99.06	99.21
8	湿式电除尘器效率（%）	88	88.9	89.8
9	烟尘排放浓度（mg/Nm^3）	5	2.1	1.0
10	全厂水耗（$m^3/s\cdot GW$）	0.71	0.59	
11	汽机振动（μm）	≤76	48.3	42.8
12	SO_2 排放（mg/Nm^3）	≤35	29.1	28.4
13	NO_x 排放（mg/Nm^3）（不投 SNCR）	≤50	26.2	20.5

（2）机组环保减排情况。华美 350MW 超临界 CFB 项目在设计之初就充分考虑到了环保控制的发展需要，于 2013 年就以“超净排放 50、35、5”为要求，高标准完成环保系统初步设计。华美 350MW 超临界 CFB 项目两台机组各项运行指标均国内领先，在取消 SCR 且不投选择性非催化还原（selective non-catalytic reduction，SNCR）脱硝系统 NO_x 超低排放指标世界领先，该工程锅炉脱硝超低排放、防堵煤设计、燃烧设计等技术，对今后循环流化床锅炉的发展具有重大的示范意义。

1）烟气除尘系统。低压脉冲固定行列式布袋除尘器+湿式列管式电除尘器，实现烟尘排放低于 $5mg/Nm^3$。该项目是国内较早采用列管蜂窝式湿式电除尘器的电厂之一。

2）烟气脱硫系统。炉内石灰石喷钙脱硫系统+“引增合一”双级动叶可调式轴流引风机+单塔多层湿法烟气脱硫系统。炉内石灰石喷钙脱硫系统与单塔多层湿法烟气脱硫系统均能独自实现脱硫超低排放要求。

3）脱硝系统。流化床锅炉高效低氮燃烧技术（布风板分区、高效二次风、高效旋风分离器、均匀连续炉前给煤系统）+多点对冲式 SNCR 系统+锅炉尾部预留一层 SCR 空间。其中仅流化床锅炉高效低氮燃烧技术即能满足 NO_x 超低排放要求（小于 50mg/Nm^3）。

4）全封闭式煤仓。采用全封闭式条形煤仓设计，防尘效果显著，并结合地形做到了最大限度增加煤场储煤量。

5）灰渣综合利用。灰渣 100%综合利用，住户要用于生产建材等。

（3）机组运行绩效。华美 350MW 超临界 CFB 项目在确保环境保护目标的情况下，实现了项目在经济效益、环境效益和社会效益的有机统一。2016 年，两台机组总发电量 38.07 亿 kWh，总供热 315 万 GJ。华美 350MW 超临界 CFB 项目是徐州市“蓝天”工程、城区“热电整合”重点项目，替代了徐州华美环保坑口热电公司 2 台供热锅炉、徐州市西区环保热电有限公司 3 台供热锅炉和其他 38 台分散燃煤小锅炉，替代锅炉容量约 1225t/h，共节约标准煤 12 000t/年，共减少粉尘排放约 1958t/年，减少二氧化硫排放约 2767t/年，减少 NO_x 排放 8386t/年。

华美 350MW 超临界 CFB 项目形成了 1080 万 m^2 供暖和 500t/h 供汽能力，供热管网敷设覆盖徐州市西部主城区及城北开发区，担负起徐州市区约 150 万人口采暖任务，当地居民对华美电厂供暖非常认可。

5.2.2.3　机组技术亮点

华美 CFB 项目除在能耗和环保排放方面具有鲜明的技术特色外，在 NO_x 排放控制、炉膛设计、二次风控制、变负荷运行等多个环节亮点突出。

（1）锅炉炉膛下部沿深度方向优化收缩比技术。炉膛下部沿深度方向的收缩比为 0.4，炉底一次风率仅占锅炉总风量的 37%，一次风率减少，布风板区域氧气浓度降低，初始的 NO_x 生成浓度下降。

（2）高位二次风氧量控制技术。高位二次风技术，下二次风标高 12.5m，较常规流化床提高 1.5m，上、下二次风高度差 8m，较常规流化床加高 4m，扩大了还原性气氛区域范围，降低 NO_x 生成量。

（3）多并联扩展水冷壁技术。通过对床温分布特性的深入研究，确定影响床温分布的最主要原因在于受热面的布置，同时需要确保床内良好的流化特性。华美电厂采用炉前、后水冷屏分区技术，结合分区布风，实现炉膛各区域温度分布均匀，燃烧稳定。

（4）布风板分区技术。项目的炉膛采用两侧进风方式，为进一步改善流化质量，锅炉设计期间对布风板进行优化设计，通过适当降低四周外圈风帽的阻力系数，提高了循环流化床锅炉的整体流化均匀性。风帽是否分区静止床面的对比如图 5－12 所示。

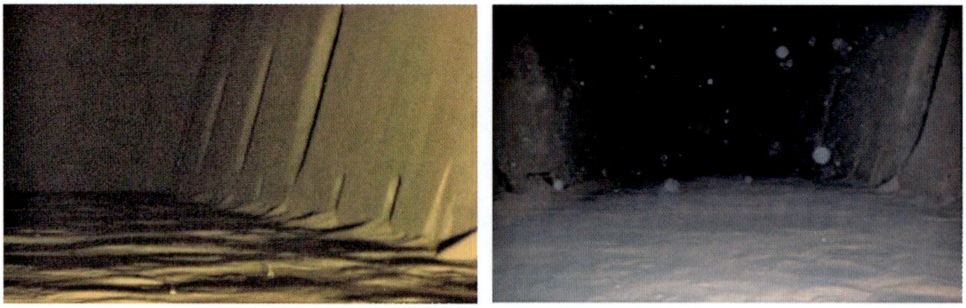

(a) (b)

图 5－12　风帽是否分区静止床面对比图

（a）未做分区的布风板静止床面图；（b）江苏华美热电项目布风板静止床面图

（5）变负荷工况下稳定连续给煤技术。项目设计并应用了中心给料机、大倾角煤仓、防堵型斜管、计量仓，实现了炉前给煤稳定、连续、精准，大截面炉膛床温均匀稳定，利于燃烧控制。结合上述手段，再通过技术调整解决煤仓棚煤问题和给煤管堵煤问题后，华美项目床温平均温差均在 20℃以内，真正实现了大床面 CFB 锅炉的床温精确控制。

（6）临机加热技术。从临机冷再抽出一部分蒸汽通过临机加热母管，通向本机的 2 号高压加热器，加热本机给水，达到提高本机组锅炉侧给水温度的目的，实现锅炉不点火启动就能进行热态清洗，缩短锅炉启动时间，降低燃油耗量。临机加热系统对锅炉参数影响对比见表 5－5。

表 5－5　　临机加热系统对锅炉参数影响对比

锅炉参数	不投临机加热系统	投入临机加热系统
启动前炉膛温度（℃）	30	100
启动前水冷壁温（℃）	45	170

续表

锅炉参数	不投临机加热系统	投入临机加热系统
点火启动时间（h）	8	5
启动用油（t）	50	20

（7）机组调节快速精确。变负荷率超过 4MW/min，负荷调节精度小于 1MW，机组响应速度加快，主汽压力偏差小于 0.6MPa，汽温、过热度变化平稳。图 5－13 为华美电厂 350MW 超临界 CFB 机组主参数趋势图。

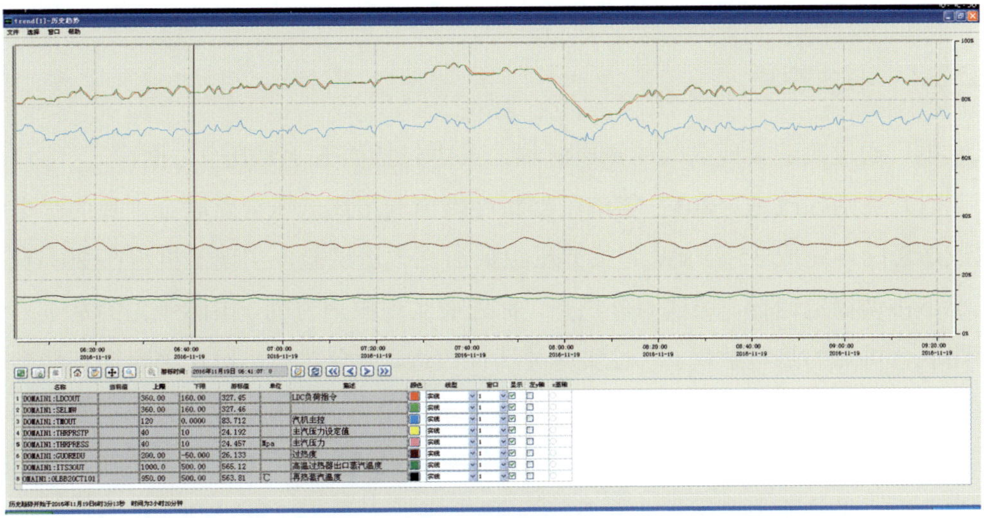

图 5－13　华美电厂 350MW 超临界 CFB 机组主参数趋势图

（8）深度调峰能力强。为适应电网需求，江苏华美热电有限公司积极参加深度调峰，在机组稳定运行、环保指标、供热方面均能满足电网调峰要求。

5.2.2.4　机组管理

江苏华美热电有限公司实行项目法人责任制，由公司法人进行建设期间和生产期间的全局掌控，协调各机构工作。在工程建设期间，设立工程管理部、安全质量部、生产准备部、物资管理部、财务管理部和项目办公室。岗位设置及人员配备力求精简，因工设岗、定员。同时确立了“高标准、高起点、严要求”的管理理念，明确了“建精品工程、创国家优质工程奖”的建设总目标，并细化了质量管理、安全管理、文明施工管理、环境保护、进度及投资控制等具体创优目标。

5.2.3 大连开发区热电厂

5.2.3.1 项目概况

国电电力大连开发区热电厂总装机容量 700MW，由两台 350MW 国产超临界燃煤供热机组组成，是大连开发区目前唯一一家以供热为主、热电联产的燃煤电厂。该厂位于大连开发区北部，发电并入辽宁电网南段，成为东北电网的一个电压支撑点。

5.2.3.2 项目特点

电厂通过改造实现高效的热电解耦，其中包括如下主要几个方面：

（1）灵活性改造。2017 年该厂创新性提出利用高低压旁路联合供热的热电解耦改造思路，完成 35 万 kW 超临界机组灵活性改造试验，实现了机组在 20%负荷工况下协调稳定运行、连续对外供热，标志着实现国内首创、国际领先的基于高低旁路联合供热的热电解耦。通过实施灵活性改造，两台热电机组在采暖期都能参与电网深度调峰。2 号机组在保证供热的前提下，电负荷平稳降至 19.4%。2 号机组实施旁路联合供热模式的灵活性改造，简洁高效灵活。该厂 1 号机组实施高背压技术改造后，供热能力可增加 400 万 m^2，供电煤耗下降 84.25g/kWh，年节约标准煤 9.82 万 t。经测算，双机总负荷 350MW 即可满足当前 1300 万 m^2 的供热需求，机组调峰能力显著增强。目前，该厂机组调峰能力大幅领先区域同类型机组，实现节能效益和经济效益“双赢”，为同类型电厂起到了示范引领作用。

（2）机组高背压改造。1 号机组高背压供热节能升级改造为国内首台 350MW 超临界机组改造成功项目。采用基于湿冷高背压单转子的供热节能升级改造方案，突破双转子交替使用的传统改造思路，由低压缸排汽加热热网循环水，变排汽废热为供热热量，将汽轮机冷源损失全部利用，提高了能源利用率。改造后，1 号机组供热能力提升至每小时 1767GJ，较改造前提升 39%。采暖期煤耗率下降 84.2g/kWh，热耗率下降 2148.4kJ/kWh，机组能效水平在国内同类型机组中名列前茅，并且改造前后增加供热面积 400 万 m^2。该项技术不仅拓宽了机组的热、电负荷调整区间，也为火电机组调峰政策下，湿冷热电联产机组的技术发展开拓了新路径，具有推广价值。

通过反复论证，大开厂在高背压改造成果的基础上，又实现了机组高背压供热工况与纯凝工况在线切换和凝汽器双侧分区运行，节约了一年两次的机组启停费用，高背压机组运行方式更加灵活。机组高背压改造前后供电煤耗率和汽机热耗率对比如图 5－14 所示。

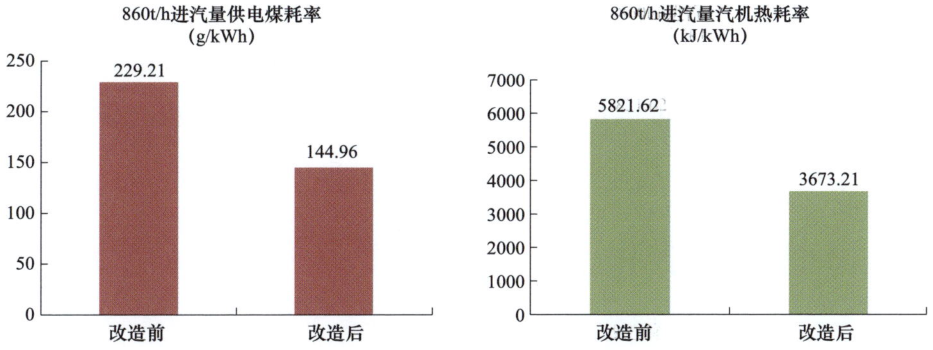

图 5－14　机组高背压改造前后供电煤耗率和汽机热耗率对比

（3）工业供汽改造。为了满足替代园区高污染工业小锅炉的工业蒸汽热负荷，2017 年进行了工业供汽改造。由四段抽汽和再热蒸汽热段经压力匹配器混合后，向管网输送参数合格的工业用汽，最大供汽量达到每小时 110t。工业蒸汽的送出取代了周边 4 座小型锅炉房，对改善城市环境起到积极作用。图 5－15 是大连开发区热电厂供热系统图。

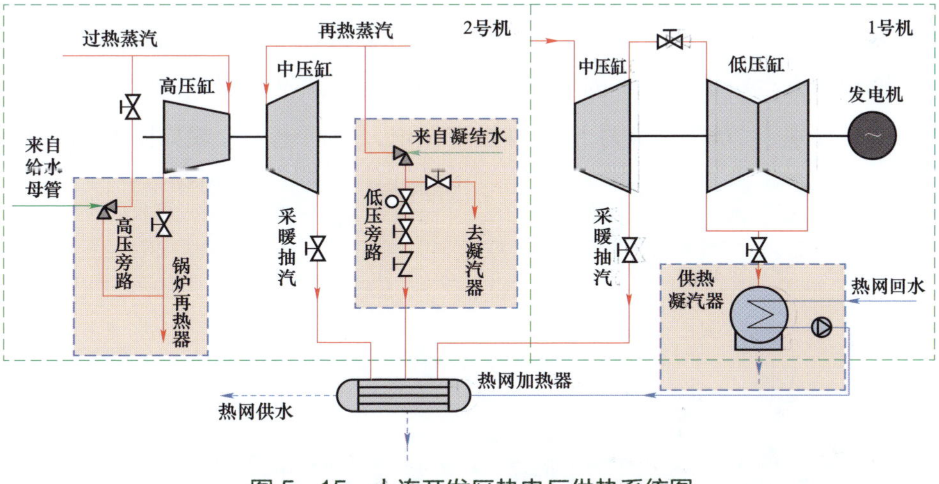

图 5－15　大连开发区热电厂供热系统图

（4）锅炉燃烧优化。通过燃烧切圆调整、吹灰器优化改造等手段，缓解了受热面超温问题，满足锅炉掺烧高热值煤种的运行要求，机组负荷可降至125MW，保持连续安全平稳运行。

（5）超低排放改造。先后完成脱硝催化剂扩容、电袋复合除尘器恢复性检修、单塔双循环改造、脱硫塔内水膜除尘一体化脱硫除尘等超低排放改造项目。改造后，机组烟尘排放值达到5mg/Nm^3，SO_2、SO_3排放值低于20mg/Nm^3，NO_x排放值低于5mg/Nm^3，完全满足国家超低排放标准。烟尘、SO_2及NO_x排放年削减量分别为27.98、1244.39、544.66t/年。2016年12月和2017年7月，两台机组顺利通过辽宁省环境保护厅组织的超低排放评估验收监测和评估审查。

5.2.4 超低排放三河电厂

5.2.4.1 项目概况

三河电厂地处河北省三河市燕郊经济技术开发区，是冀北电网的主力发电企业之一，首都东部重要的电源支撑点，京冀两地民生采暖的重要热源。电厂总装机容量为1300MW，其中，一期工程2×350MW日本三菱燃煤亚临界发电机组，采用三菱亚临界控制循环燃煤汽包锅炉和汽轮机，分别于1999年12月、2000年4月投产发电，已进行打孔抽汽供热改造；二期工程2×300MW国产燃煤亚临界热电联产机组，采用四川东方锅炉集团生产的亚临界参数、四角切圆燃烧方式、自然循环汽包炉和东方汽轮机厂生产的亚临界、中间一次再热抽汽凝汽式汽轮机。三河电厂两期工程分别于2007年8月、11月投产发电。三河电厂全貌如图5-16所示。

图5-16 三河电厂全貌

5.2.4.2　项目特点

三河电厂是节能减排、“近零排放”改造示范电厂。1999～2000 年，三河电厂完成抽汽打孔改造后，供电煤耗仍为 304g/kWh。随着国家对环保要求的日益严格，原可满足环保标准的三河电厂，需要进行环保改造。为此，原神华集团考虑到该机组所处的特殊地理位置，将其作为现役机组环保改造的代表，近几年先后对 4 台燃煤机组实施了节能、脱硫、脱硝、除尘、废水和降噪等一系列节能减排改造，实现了全厂“近零排放”。电厂的改造主要包括：

（1）汽轮机增容提效改造。2015 年，在国内首次应用新型大刚度叶片通流改造技术，对国产东方汽轮机进行通流改造，同步实施了机组冷端优化（优化填料布置方式+真空系统优化）。改造完成性能试验显示，4 号机组热耗从 8424kJ/kWh 降至 7894kJ/kWh，煤耗下降 24.52g/kWh，3 号机热耗从 8312kJ/kWh 降至 7879kJ/kWh，煤耗下降 18.82g/kWh。图 5－17 为三河电厂四台机组 2008～2014 年供电煤耗情况。

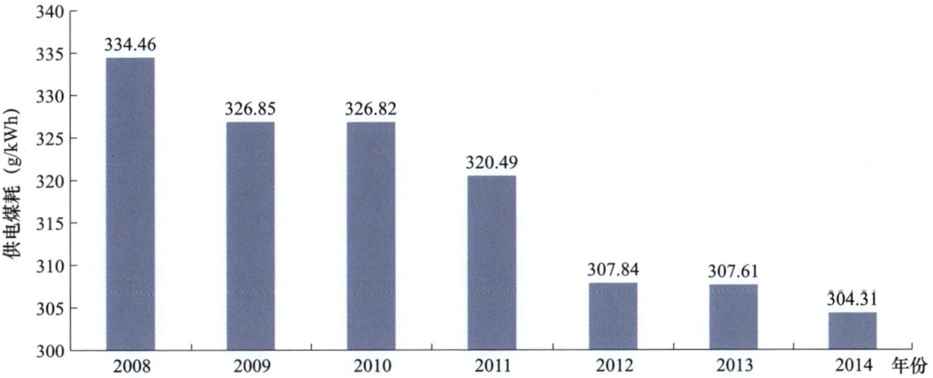

图 5－17　三河电厂四台机组 2008～2014 年供电煤耗情况

（2）大气污染物“近零排放”环保改造。原神华集团公司在国内率先提出“近零排放”。三河电厂以重点区域燃气机组排放限值为目标，联合各有关单位开展了大气污染物近零排放技术研究，形成单项污染物梯级脱除及多种污染物协同脱除的原则性技术路线（如图 5－18 所示），并率先开展了工程应用实践。

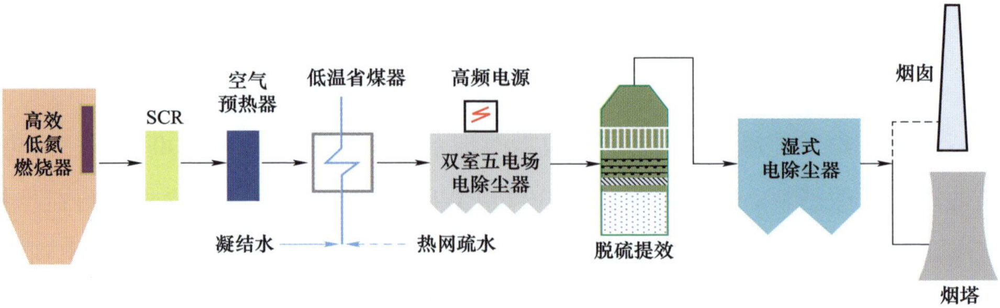

图 5-18 三河电厂大气污染物“近零排放”环保改造技术路线

2014 年 7 月 20 日，1 号机组改造完成投入运行，达到燃机排放限值标准，成为京津冀首台实现“近零排放”的燃煤机组。此后，其余三台现役机组分别应用不同技术组合的差异化技术路线进行改造，实现了排放指标的优化提升。其中，4 号机组与燃机实际排放值对标，改造完成后烟尘排放浓度监测值仅 0.23mg/Nm^3，创国内最低值纪录；3 号机组不增加湿式电除尘器，烟尘排放浓度全时段稳定在 3mg/Nm^3 以下；利用二期排烟冷却塔两机一塔设计优势，将一期机组排烟引至二期烟塔，实现了全厂烟塔合一。

全厂实现“近零排放”，按照各机组 2016 年排放均值水平，以年均 5000h 计，全厂年可减排烟尘 230t、SO_2 540t、NO_x 560t。改造完成投运后至今，各环保设备、仪器仪表运行稳定，且均实现 100%投运，总排口数据与地方监管单位互联，监测数据实时上传，做到信息公开。

三河电厂四台机组技术路线对比如图 5-19 所示。

以 1 号机组“近零排放”改造为例：环保技改总投资约为 1.9 亿元。按照年运行 5000h 计算，系统运行 15 年，“近零排放”改造度电成本增加约 0.67 分钱。如果算上减少排污费带来的收益和显著的节能效果，实际供电成本增加值是逐渐降低的。3 号机组由于减少了湿式电除尘器投资和运行成本，其“近零排放”改造对供电成本的影响，降至 0.6 分/kWh。

（3）汞等重金属排放特征与脱除技术的研究。自 2008 年开始，三河电厂联合相关高校、科研机构开展燃煤电厂汞排放特征测试研究，并先后进行溴化钙添加、活性炭吸附汞脱除技术研究，2015 年成功研发出高效低成本的改性飞灰吸附材料及现场改性、喷射一体化工艺技术，综合烟气中汞平均脱除率不小于 90%，该技术已在三河电厂 4 号 300MW 机组实现工程应用。三河电厂烟气污染物控制与脱除技术路线如图 5－20 所示。

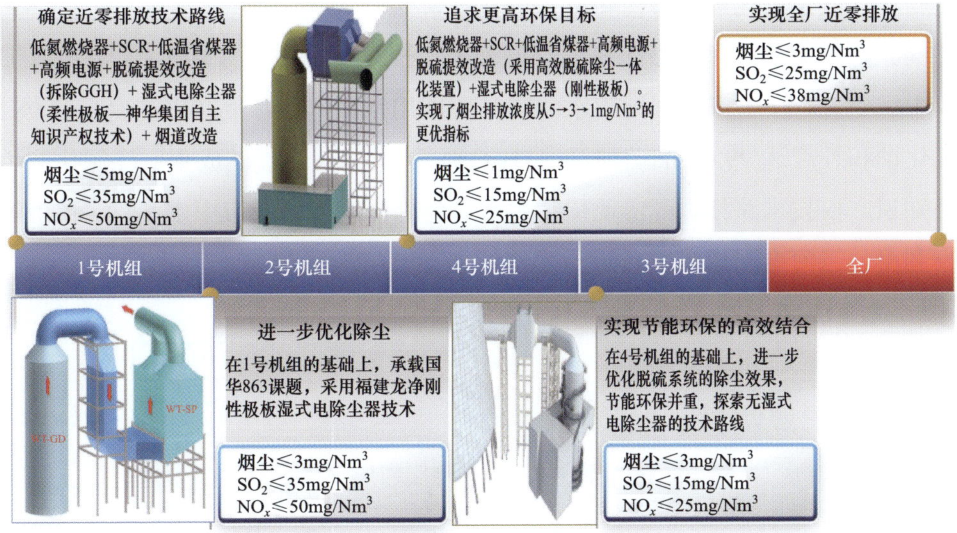

图 5－19　三河电厂四台机组技术路线对比

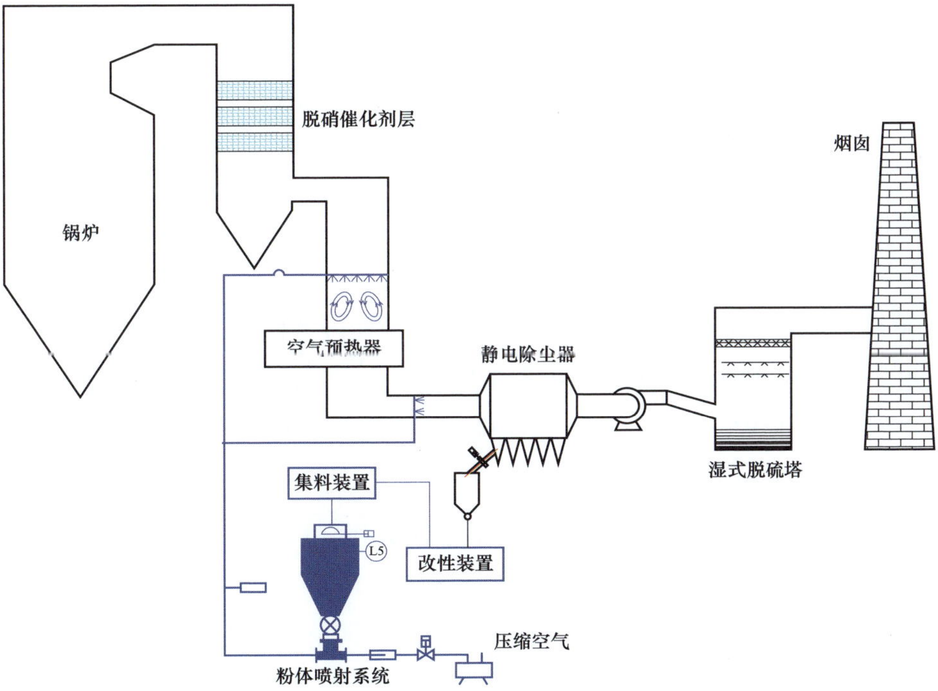

图 5－20　三河电厂烟气污染物控制与脱除技术路线

在此基础上，进一步测试了近零排放机组的烟气重金属排放特征，掌握了烟气重金属在常规污染物脱除装置中的分布规律和脱除效果。

（4）全厂废水零排放技术研究。开展全厂废水（循环水排污水+工业废水）零排放中试研究，产生可替代地下水的高品质回用水质，同时生产出纯度高达 98.2%的氯化钠和纯度达 99.6%的硫酸镁（$7H_2O$），已形成高效、低成本、资源化利用的自主知识产权技术路线，可实现梯级用水、全流程使用的城市中水和钠、镁资源的回收利用。三河电厂废水零排放技术路线如图 5–21 所示。

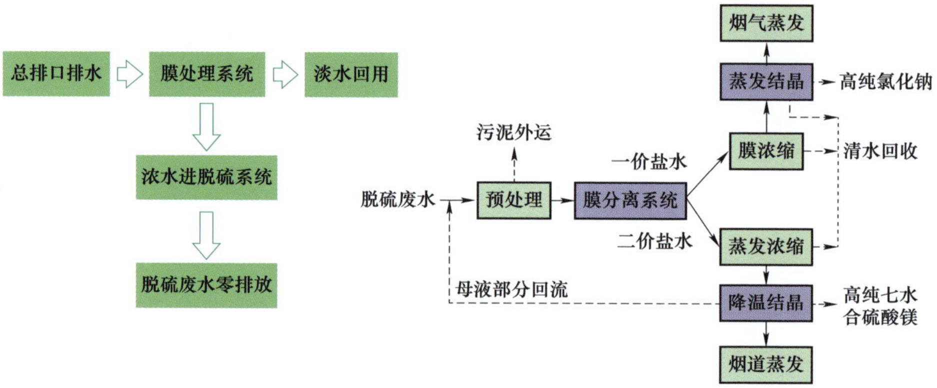

图 5–21　三河电厂废水零排放技术路线

（5）储煤场密闭改造。正在建设 4 座 3.5 万 t 密闭式储煤筒仓，预计 2019 年底完成建设并投入运行。改造完成后，实现燃煤接卸、存储的全封闭管理，消除无组织排放带来的环保风险。

（6）余热余压利用改造。为了最大限度实现能源的梯级利用，2016 年，为 2 号机组安装 6 台 47.1MW 溴化锂吸收式热泵机组，提取 2 号机组循环水余热，新增供热能力 121MW。目前已连续运行两个供热季，新入网热用户 1.3 万户，同时拆除相应燃煤锅炉 17 台。2017 年，1 号机组安装 1 台 20MW 背压式发电机组，利用抽汽余压发电并入厂用电系统，供热季完成发电约 1180 万 kWh。工程实施后，新增供热能力 121MW、供电量 4300 万 kWh，年节约标准煤 7.59 万 t，供热季节约循环冷却水补水量 95 万 t，节能降耗效果显著。三河电厂余热余压利用改造技术路线如图 5–22 所示。

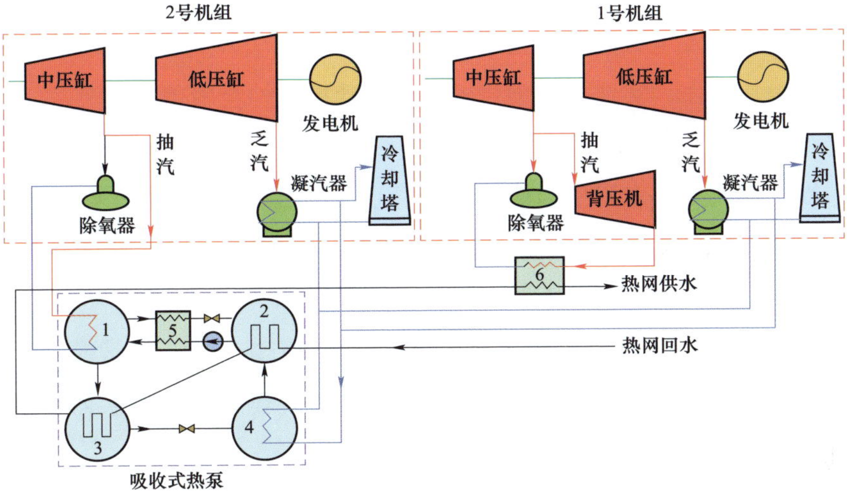

图 5-22　三河电厂余热余压利用改造技术路线

1—发生器；2—吸收器；3—冷凝器；4—燕发器；5—溶液换热器；6—尖峰加热器

（7）利用城市中水替代地下水。一期工程循环冷却水原设计为深层地下水，2009 年完成中水改造，由地下水置换为污水处理厂的中水；二期工程循环冷却水设计即为中水。目前，中水水源主要取自通州碧水污水处理厂（距厂区 22km）和燕郊西污水处理厂（距厂区 11km）。利用北京通州的城市中水替代地下水，三河电厂成为国内首家实现跨省利用城市中水的燃煤电站，也是国内利用中水装机容量最大纪录获得单位。2008～2017 年，10 年期间实际使用中水水量合计 1.2 亿 t，平均每年 1200 万 t，10 年节约等量的地下水 1.2 亿 t。

（8）噪声治理。为打造社区友好型环保电厂，在已经满足工业企业厂界噪声标准限值（昼间不大于 65dB，夜间不大于 55dB）的基础上，进一步对锅炉送、引风机实施了降噪处理。

5.2.4.3　电厂管理

全面开展安全风险预控。根据集团要求，对生产过程中所有运行操作、检修维护作业等进行全面管控。加强运行管理规范化管理。规范运行技术措施管理，制订 44 份机组应急处置卡，建立运行部技术措施库，包括汽机、锅炉、电气、灰硫、化水、输煤、综合七个专业 169 项专项技术措施，每年进行统一修订。

加强检修质量管理标准化。严格执行《检修现场施工管理标准化手册（第三版）》，完善《三河发电有限责任公司检修管理考核办法》，制订现场重要缺陷管控措施表督促消缺工作，实现检修项目安全质量管控文件全覆盖。

加强设备治理。多项措施持续开展锅炉防磨防爆等工作，有效提升设备和系统运行可靠性。连续六年未发生因锅炉泄漏引起的机组非停。2018 年累计台均运行小时同比增加 90.69h，台均利用小时同比增加 40.99h，台均备用小时同比减少 275.47h。

持续提升专业隐患管理。做好从隐患确认、整改方案、挂牌警示、治理跟踪到验收销号的全方位管理，每月发布隐患排查治理情况，落实隐患发现和治理奖惩机制。

强化异常事件分析。组织分析机组非停、辅机故障、设备缺陷、参数偏差的原因，编制“负面清单”，制订防范措施，加强风险管控。

节能环保指标优秀。四台机组全部实现 40%深调峰，优化设备运行方式，实现循环水泵单元制运行，一期凝结水泵单台变频运行，进行节能管控。

5.2.5 近零排放舟山电厂

5.2.5.1 项目概况

神华国华（舟山）发电有限责任公司有 1 台 125MW、1 台 135MW、1 台 300MW 和 1 台 350MW 燃煤机组，总装机容量为 910MW。其中第 1、2 台机组分别于 1997 年和 2004 年投入生产，第 3 台 300MW 机组于 2010 年 10 月投入生产。第 4 台 350MW 机组项目已于 2014 年 6 月 25 日通过 168h 试运，正式投入生产，成为全国首台新建“清洁排放”燃煤机组。

神华国华（舟山）发电有限责任公司二期 4 号机为国内首台新建“清洁排放”燃煤机组，被中国电力建设企业协会评为国内先进水平。2017 年神华国华（舟山）发电有限责任公司 4 号机组被中国电力企业联合会评为“350MW 级超临界纯凝湿冷机组 2016 年度厂用电率指标最优机组”。浙江舟山电厂全貌如图 5－23 所示。

图 5-23 浙江舟山电厂全貌

5.2.5.2 项目特点

二期机组在国内率先实现“近零排放”。舟山电厂于 2014 年进行供热改造，2015 年安装完成向外供汽。年运行小时数按 5000h 计算，对外年供热量约为 227 万 GJ，每年可节约标准煤 4.55 万 t。运行结果表明，利用舟山发电厂现有发电设备进行集中供热，投资少，见效快，避免了小型热电厂的重复投资，可节约大量土地、淡水和人力等资源。主要技术特点如下：

（1）采用海水脱硫技术。为解决海岛缺淡水的问题，舟山电厂充分利用海边电厂的有利条件，自建日产 12 000t 海水淡化工程，于 2015 年 6 月 25 日投产制水，各项指标达到设计值。3、4 号机组采用海水脱硫技术，成为国内首个获得生态环境部环评中心评审通过的脱硫效率不低于 98%的海水脱硫项目。

（2）4 号机组为国内首台新建“清洁排放”燃煤机组。根据《浙江省大气污染物防治行动计划（2013～2017 年）》在建火电机组必须采用烟气清洁排放技术的要求，原神华集团与浙江省商议，将舟山电厂 4 号机组打造成国内首台新建“清洁排放”的燃煤机组。

为此，4 号机组建设时在节能降耗方面采用了以下技术：

1）采用超临界机组，适当降低排烟温度和过量空气系数、降低未燃尽碳损失等措施，锅炉保证效率可以达到94.1%，标准煤耗降低1.443g/kWh。

2）选用1×100%容量小汽机组，热耗比2×50%降低约10.5kJ/kWh，标准煤耗降低0.385g/kWh。

3）通过优化计算管道规格、弯管替代热压弯头等措施，将主蒸汽管道压降由5%降低至4%，热耗降低约6.15kJ/kWh，标准煤耗减少0.225g/kWh；再热系统总压降（包括锅炉再热器）由10%降低至8%，热耗降低约12.3kJ/kWh，标准煤耗减少0.45g/kWh。

4）增设外置式蒸汽冷却器（0号高压加热器）：通过设置单台外置式串联0号高压加热器，提高给水温度、降低机组热耗。经综合分析计算，该工程给水温度提升5℃是临界点，此时，热力系统热耗可降低9.92kJ/kWh，标准煤耗减少0.363g/kWh。

5）采用2×100%容量国产凝结水泵、配一套高压变频装置的方案，每年可节电161万kWh。

6）经对循环冷却水系统冷端优化，凝汽器背压由4.9kPa优化到4.7kPa，机组热耗可降低8kJ/kWh，标准煤耗减少0.293g/kWh。

7）循环水泵采用双速电机驱动，可依据机组负荷、煤质含硫量、凝汽背压等运行参数调整循泵的运行台数与高、低转速等不同的运行方式。经估算，采用双速电机每年可节电353×10^4kWh。

8）将风机选型基准点由锅炉最大出力（boiler maximum continue rate，BMCR）工况调整为锅炉额定（boiler rated load，BRL）工况，以上优化可节能5%，折合年节电220×10^4kWh。

9）对锅炉和除尘器间的烟风道进行优化，将传统的矩形优化成圆形，减少烟风道耗钢量16～25t，减少烟道运行阻力100Pa，两台引风机年节电37.4×10^4kWh。

10）真空泵配置蒸汽喷射器，使真空泵电机功率下降20%以上。年节电8.8×10^4kWh。冬季工况，标准煤耗可降低0.8g/kWh。

11）一台闭式水泵采用永磁调速装置，平均扬程下降30%，水泵平均效率提高5%，年节电41×10^4kWh。

12）同步建设超低排放控制措施：4+1旋转电极电除器+一级湿式电除尘器、

一套高效烟气脱硫装置和烟气脱硝装置。为达到 4 号炉烟囱出口粉尘排放浓度不大于 5mg/Nm^3 的目标，采用炉后 4+1 旋转电极电除尘器+海水脱硫+烟囱前一级湿式电除尘器，所有除尘器采用高频电源技术。锅炉采用先进的低氮燃烧器。在炉内做到低氮燃烧，锅炉出口 NO_x 降低到小于 200mg/Nm^3（全工况）、160mg/Nm^3（75%～100%负荷）。省煤器后布置 SCR 装置，最终能保证机组排放 NO_x 排放浓度小于 50mg/Nm^3。

4 号机组于 2014 年 6 月 25 日通过 168h 试运，正式投入生产，实现了供电煤耗低、环保指标优。浙江省环境监测中心的测试结果表明，4 号机组排放水平优于超低排放标准，成为全国首台新建“近零排放”燃煤机组。舟山电厂 4 号机组超低排放技术实施路线如图 5－24 所示。

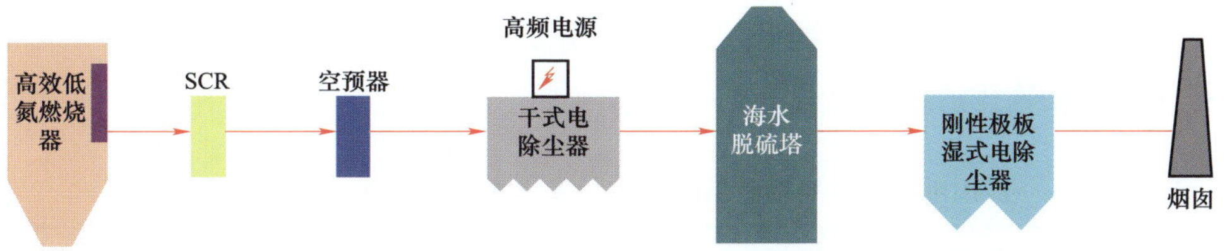

图 5－24　舟山电厂 4 号机组超低排放技术实施路线

对 4 号机组进行性能考核试验，在 THA 满负荷考核工况下，供电煤耗试验值为 294.1g/kwh，厂用电率试验值为 4.818%，性能考核试验指标优于能评审查值。舟山电厂 4 号机组“清洁排放”工程大气污染物排放情况如表 5－6 所示。

表 5－6　　舟山电厂 4 号机组“清洁排放”工程大气污染物排放情况

环保指标	4 号机设计值	国家一类限值	燃机限值	2014 年 6 月 20 日省环境监测中心测值	DCS 当前在线显示值
粉尘（mg/Nm^3）	≤5	≤20	≤5	2.46	2.19
SO_2（mg/Nm^3）	≤35	≤50	≤35	2.76	2.08
NO_x（mg/Nm^3）	≤50	≤100	≤50	19.8	23.63

5.2.5.3　排放绩效

舟山电厂 3 号 300MW 机组原采用低氮燃烧器、双室四电场静电除尘器、海水法烟气脱硫等环保配套设施，并随机组同步建成投运。除尘效率在 99.7%以上，脱硫效率始终保持在 95%左右，均远高于设计效率。3 号机组于 2015 年完成超低排放改造，包括除尘改造、低氮燃烧器和脱硝改造。其中除尘改造流程为：炉后常规电除尘器+海水脱硫+湿式静电除尘器。改造后环保参数符合国家环保排放指标，脱硝装置的 NO_x 脱除率不小于 84%，氨的逃逸率小于 3μL/L，SO_2/SO_3 转化率小于 1.5%，达到烟尘超低排放不大于 1mg/Nm^3 目标，实现了超低排放。

2016 年 1 月，机组在 300MW 额定负荷参数运行，在干式电除尘器、湿式电除尘器、脱硝系统、脱硫系统正常投运工况下，测试结果表明，在烟囱入口烟气在线监测系统（continuous emission monitoring system，CEMS）测试平台处 SO_2 排放浓度为 2.24mg/dNm^3，NO_x 排放浓度为 28.9mg/dNm^3，烟尘排放浓度为 0.57mg/dNm^3，各污染物排放浓度都达到了超低排放超值的限值。舟山电厂 3 号机组“清洁排放”工程大气污染物排放情况如表 5－7 所示。

表 5－7　舟山电厂 3 号机组“清洁排放”工程大气污染物排放情况

环保指标	3 号机设计值	国家一类限值	燃机限值	2016 年 1 月 25 日省环境监测中心测值	DCS 当前在线显示值
粉尘（mg/Nm^3）	≤1	≤20	≤5	2.46	0.583 1
SO_2（mg/Nm^3）	≤35	≤50	≤35	3	2.763
NO_x（mg/Nm^3）	≤50	≤100	≤50	29	18.87

1 号、2 号机组建设时，国家相关环保执行标准较现在相比明显偏低，尽管两台机组在当时也是业内较新的火力发电设备，利用海水代替淡水直接用于发电机组的循环冷却，配备了静电除尘等环保设备，但是随着科技发展、标准提高，这两台机组的环保配套设施渐渐难以跟上时代发展需求，2008 年，为 1、2 号机组建设海水脱硫装置。这是当时全省第一套海水脱硫装置，也是全国首次采用两炉一塔配置的海水脱硫工艺，利用汽轮机冷却后排放的循环冷却海水作为脱硫剂，成功减少了 90%以上的 SO_2 排放量。

一般火电厂大都采用传统的石灰石法脱硫，该法却不适合在舟山使用。首先，舟山地处海岛，石灰石资源稀缺，向外引进成本势必大增；其次，石灰石法脱硫还需消耗大量的淡水资源，且易造成二次污染。在此情形下，舟山电厂大胆尝试新技术，经过充分试验、论证，最终确定选用更为合适的海水脱硫工艺。随后，舟山电厂实施了海水脱硫工程。2008 年 9 月，工程通过环保验收，设计脱硫效率在 90% 以上，且对除尘也有相当程度的帮助，脱硫工艺排水达到四类海水水质标准。经测算，与传统的石灰石法脱硫相比，按年运行 7200h 计，海水脱硫设备年节约淡水约 50 万 m^3（约为该厂现装机容量淡水消费量的 1/3），石灰石约 2.2 万 t，耗电量减少一半，同时不产生任何废弃物，消除了石灰石的二次污染问题。

5.2.5.4　电厂管理

严控关键点质量，强化人员实操训练，保证了国内首台新建“清洁排放”燃煤机组高标准、高品质投产。生产过程实现信息化、智能化。推动新一代信息技术在发电企业的应用，推进生产过程智能化，全面提升企业生产、管理和服务的智能化水平。

5.3　分布式能源系统

5.3.1　协鑫 GCL 能源中心“六位一体”多种分布式可再生能源互补工程

5.3.1.1　项目概况

协鑫 GCL 能源中心“六位一体”多种分布式可再生能源互补工程是目前中国最大的微能源网应用案例，该工程以协鑫集团中国区总部基地——协鑫 GCL 能源中心为载体进行建设和实施。协鑫 GCL 能源中心作为协鑫集团研发、办公基地，坐落于苏州工业园区新城路以南，分两期开发建设。协鑫能源中心“六位一体”多种分布式可再生能源互补工程总览图如图 5－25 所示。

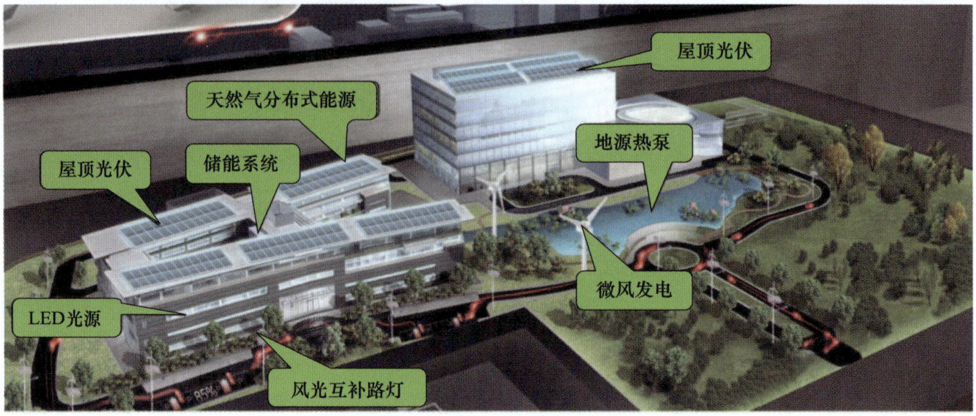

图 5-25 协鑫能源中心“六位一体”多种分布式可再生能源互补工程总览图

协鑫能源中心以电力、空调用冷、用热、生活热水等需求为主，总用能需求设计负荷约在 3200kW，需求侧节能设计比常规能源配置节约 2000kW 左右。通过“六位一体”分布式可再生能源互补工程的实施，一、二期光伏发电系统可提供 808kW 的电能，天然气分布式热、冷、电三联供系统可提供 400kW 电能、400kW 热/冷能；二期地源热泵系统可提供 5000kW（相当于 980kW 电能）的热/冷能；微风发电系统可提供 60kW 电能；同时配有调节整个微能源网稳定性的储能系统 200kW。能源中心自供能率超过 50%（不足部分由市政供电补充），整个建筑节能达到 30% 以上。

“六位一体”多种分布式可再生能源互补工程按供需两侧最优化设计，多点分布于能源中心覆盖的全部区域。能源中心一期包括天然气分布式三联供、光伏发电、储能、地源热泵、风光互补路灯、微风发电和发光二极管（light emitting diode，LED）光源；能源中心二期包括屋顶光伏、LED 光源、地源热泵和风光互补路灯。

5.3.1.2 分系统关键技术

协鑫能源微网的核心在于综合应用多种不同类型的能源，并充分考虑风电、太阳能等不同能源的特性，将其有机结合组成能源微网，对多种能源进行协同优化，同时向用户提供电、冷、热、气等不同类型的能源品种，满足用户的多种能源需求，提高了综合能源利用效率、降低了用户能源消费的总成本，达到节能减排、保护生态环境的目的。“六位一体”多种可再生能源互补工程在完成各分系统核心技术的同时，更实现了多种能源形式高度集成运行的技术突破，成为国内微能源网工程后续应用与发展的典范。

（1）天然气分布式能源系统。天然气分布式能源系统建设 400kW 级天然气热电冷“三联供”能源站，如图 5－26 所示，配置 1 套 400kW 级燃气型内燃机+1 台烟气热水两用型溴化锂吸收式制冷机组（制冷量 400kW），通过热电冷联产的技术，可为能源中心提供 400kW 的电能以及 400kW 的冷/热能。

(a)　(b)　(c)

图 5－26　天然气分布式能源站

（a）天然气内燃机；（b）溴化锂机组；（c）天然气分布式能源站外景

（2）光伏发电系统。光伏发电系统如图 5－27 所示，光伏发电系统利用办公楼屋顶、车棚，安装光伏发电系统。

（3）微风发电系统。微风发电系统如图 5－28 所示，微风发电系统利用能源中心地区的风电，在风速达到 2.8m/s 时即可开始发电，已建成的微风发电系统装机容量共 60kW。

(a)

(b) (c)

图 5-27 光伏发电系统

（a）屋顶光伏全景图；（b）屋顶单轴光伏发电；（c）光伏车棚

(a) (b)

图 5-28 微风发电系统

（a）水平轴微风发电（50kW）；（b）垂直轴微风发电（10kW）

（4）储能系统。储能系统（200kW）如图 5-29 所示，储能系统是微网系统的一部分，它由磷酸铁锂电池、总控制器单元、电池管理系统单元、系统组端控制和管理单元组成，系统容量为 200kWh。

图 5-29　储能系统（200kW）

（5）LED 光源等节能系统。能源中心使用的 LED 光源如图 5-30 所示，协鑫能源中心办公及生产区域全部采用协鑫牌 LED 灯光源，共 135kW，风光储充一体的路灯共 4kW，相对于普通光源，可节约 30%的用能。

图 5-30　能源中心使用的 LED 光源

（6）微网监控系统。微网监控系统的建立，实现了多重的调度先进性，主要有：

低碳调度优先，以光伏、风力优先，多余能源进行储存；供给侧调度与需求侧相应，降低负荷侧削峰；能效调度，以热定电；探索微电网的抗扰性能力研究，为示范推广积累经验。

5.3.1.3 项目特点

协鑫能源中心“六位一体”微能源网具有创能、多能、绿能、节能、储能、微能六项特征：

（1）创能：利用可再生能源和废弃能源，创造可供使用的热、电、冷能源，优化使用能源转化模式。

（2）多能：能源的来源形式和能源的供应形式均实现了多种能源的充分利用和互补应用，保障用能的安全、可靠。

（3）绿能：所使用的能源均为无排放或微排放的能源（光能、风电、天然气），生态环保，绿色低碳。

（4）节能：实现了能源的阶梯利用，大大降低能源用量；采用绿色用能设备，提高能源利用效率；智慧节能。

（5）储能：使能源能够储供结合，吸收缓冲系统波动，削峰填谷，增强系统稳定性。

（6）微能：将能源的生产单元可以降低到千瓦级，可以为每一个微小用户提供单独的能源方案。

（7）协鑫能源中心“六位一体”微能源网实现了调峰、低位热能利用、储能、微能源网四项技术突破。

“六位一体”微能源网技术实现了可再生能源、新能源的立体互补，充分发挥了多种能源形式的优势，提供了多种能源供应网络，保障了用能安全，解决了能源利用的储存、调峰、低位热能利用、微能源网等四大技术问题，微网系统及其设备自动化控制能力强，启停方便，变工况能力强，可以在短的时间实现从零负荷带满负荷，达成在负荷中心就近实现能源供应的现代化能源供应方式，能随机匹配负荷中心峰谷差的变化；低位热能技术解决了能源的调峰问题，利用地源热泵、热水发电技术把大量废弃的低于 80℃的低温能量用于制冷、发电、制热减少的高品位能源（电能或蒸汽）的消耗，实现能量从低温热源向高温热源的转移。六个新能源理念和四项技术突破如图 5–31 所示。

5.3.1.4　经济效益

微网整个产业链目前尚处于成本偏高的阶段，因此，中国国家及各级地方政府针对资源条件、装备等较成熟的范围内经审批允许建设试点、示范项目，并给予 10%～20%不等的装机补贴，此外，光伏系统所发电力由国家额外支付 0.42 元/kWh 的度电补贴，以此促进微网产业链的快速发展。

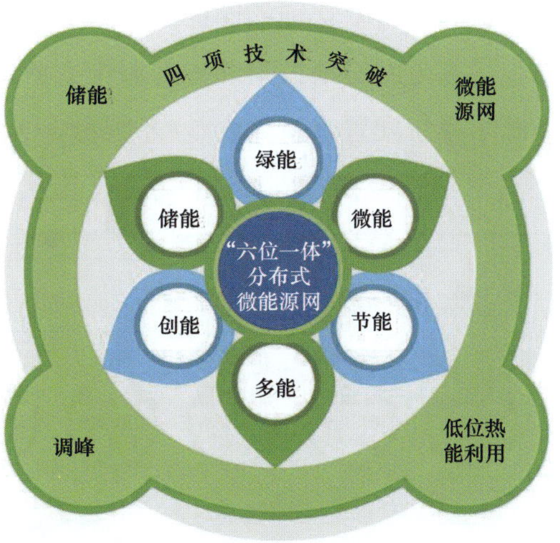

图 5–31　六个新能源理念和四项技术突破

5.3.2　国家电网有限公司北方客服中心智慧能源微网系统

5.3.2.1　项目概况

国家电网有限公司北方客服中心位于天津市东丽区东丽湖边，于 2015 年 6 月投运，总建筑面积达 14.28 万 m^2，包括运行监控中心、呼叫中心、生产区服务中心、生活区服务中心等 10 栋楼宇，日常可以容纳 2600 余人办公和生活。作为集生产、办公、生活为一体的大型园区，北方园区已经实现了绿色复合型能源网建设与智慧服务型创新园区建设，并取得绿色建筑标识认证。

依托园区智慧能源微网关键技术，在国家电网有限公司北方客服中心成功建成了以电能为中心、"集中+分布式"供应相结合、涵盖"电、冷、热、热水"多种能源综合协调供应的园区智慧能源微网工程，实现了园区内太阳能、空气热能、地热能等可再生能源的规模化高效应用。该项目的能源设施包括地源热泵、冰蓄冷装备、蓄热式电锅炉、太阳能热水系统、光伏系统、配电网、运行调控平台等，建筑节能率达到 68%，可再生能源提供 90%制冷量、93.2%制热量，光伏发电占比 9.5%，达到了国家《绿色建筑评价标准》三星级水平，获得国家三星级绿色建筑设计标识证书以及三星级绿色建筑运营标识证书，成为国家电网有限公司首家获得三星级绿建设计和运营双认证的园区。

国家电网有限公司北方客服中心智慧能源微网系统构成如图 5－32 所示，各个能源子系统配置容量如表 5－8 所示。

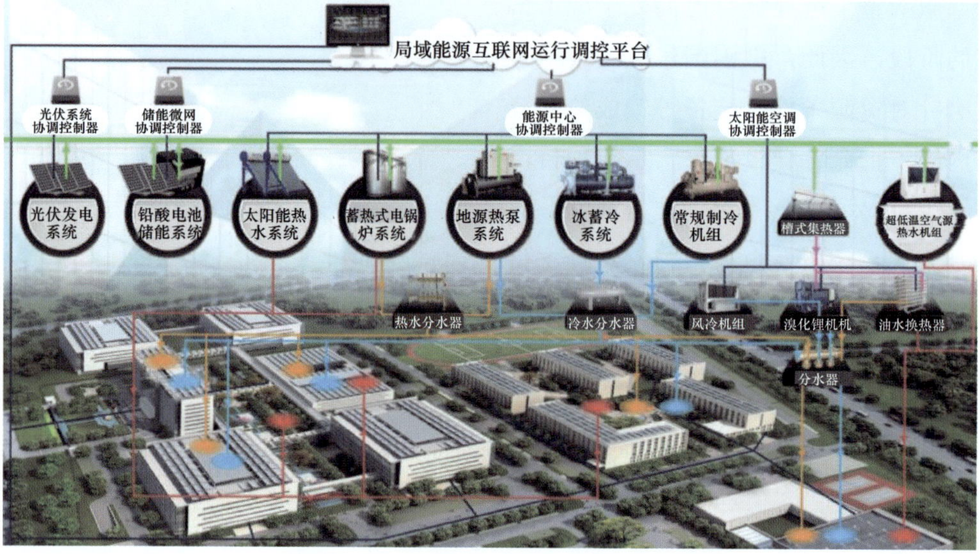

图 5－32　国家电网有限公司北方客服中心（天津）园区智慧能源微网系统构成

表 5－8　　园区智慧能源微网系统的各能源子系统配置容量

能源子系统	配置容量
分布式光伏发电系统	823kWp
地源热泵系统	制冷量 3690kW；制热量 4065kW
太阳能热水系统	制热量 1007kW
太阳能空调系统	制冷量 350kW；制热量 210kW
空气源热泵	制热量 216kW
冰蓄冷机组	制冷量 6328kW；制冰量 4680kW
蓄热式电锅炉	制热量 8200kW
储能微网	储能容量 50kW×4h
基载冷水机组	制冷量 6328kW

智慧能源微网系统以电能为核心、多种能源形式互补协调的园区智慧能源微网系统运行调控平台的物理架构和系统架构分别如图 5－33 和图 5－34 所示，通过调峰调蓄、优化调度、协调控制等运行策略，可以实现园区多种能源的联合优化运行

及柔性负荷响应，冷、热、电、热水的统一调度。

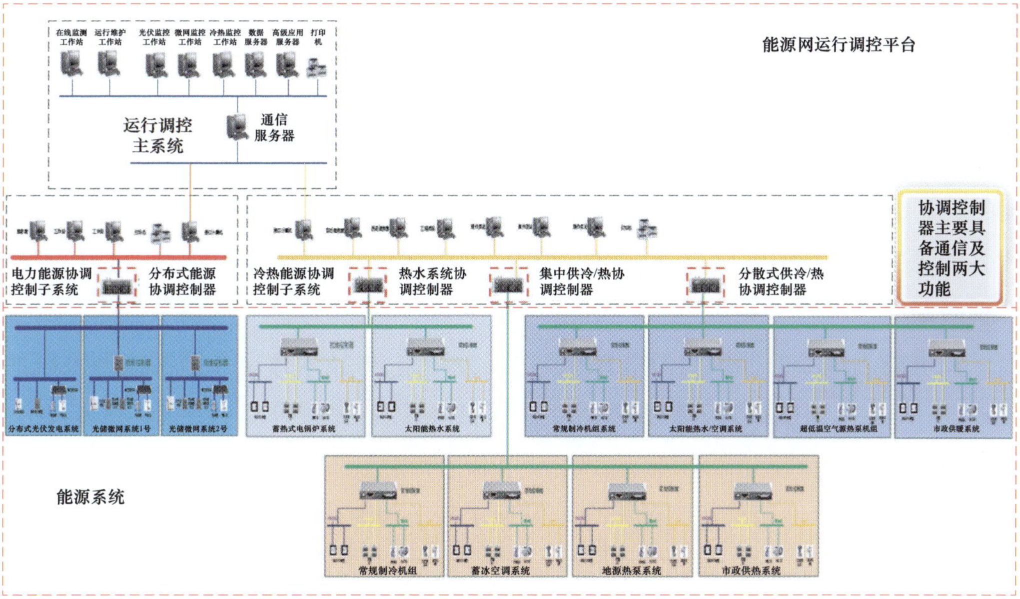

图 5－33　园区智慧能源微网系统运行调控平台物理架构

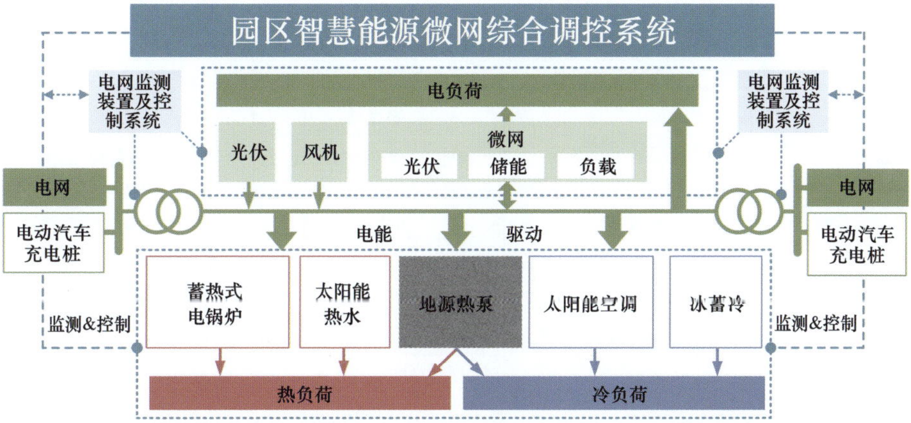

图 5－34　国家电网有限公司北方客服中心智慧能源微网系统架构

5.3.2.2　项目特点

园区智慧能源微网系统建设遵循以下三条原则：

（1）最大限度利用可再生能源。因地制宜、最大限度利用太阳能、浅层地热能、空气能、风电等各种类型可再生能源，提高园区内可再生能源在能源生产和消费中的比重。

（2）积极践行电能替代。结合园区内的生态环境、能源消费结构和用能需求特性等，推进经济性好、节能减排效益佳的电能替代技术，形成清洁、安全、智能的新型能源消费方式，以试点示范带动地区推广实施电能替代。

（3）多能源互补集成优化面向区域内电、冷、热、水等多种用能需求，充分发挥各能源生产系统的互联耦合作用，实现园区内多种能源优势互补、协调供给及综合梯级利用。

以电能为核心的园区智慧能源微网的创新理念与技术体现在园区能源系统的架构设计、能源供应模式、多能源协调控制、评价指标体系等多个方面，具体包括：

（1）理论创新。

1）提出了“能源母线”的概念，发展了基于能源母线的系统建模方法，能够准确表达系统中各设备之间的能量传递关系，可实现园区能源系统建模与分析的标准化和可扩展性；图 5－35 为园区智慧能源微网系统通用母线模型结构。

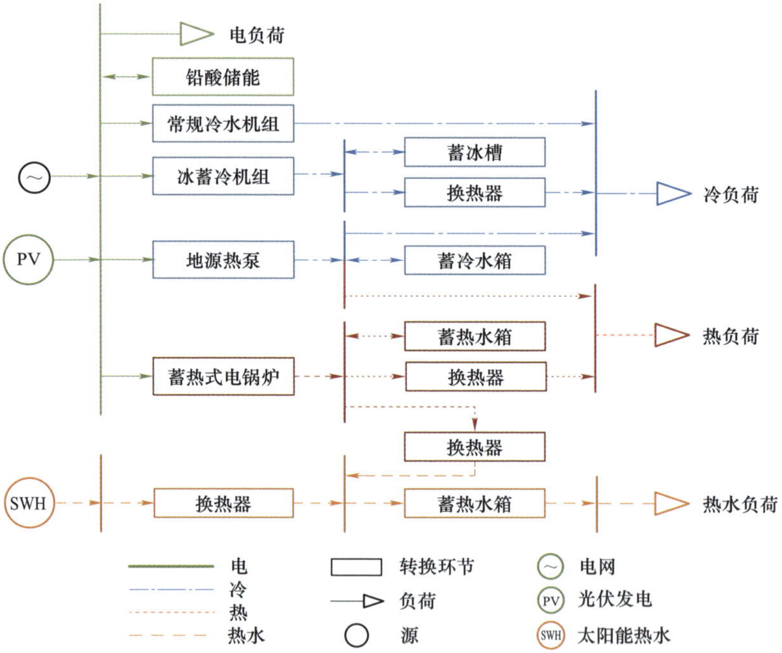

图 5－35 园区智慧能源微网系统通用母线模型结构

2）提出了园区智慧能源微网系统日前计划与实时调度相结合的多目标优化策略及多能源协调控制方法，提高了系统应对多种能源需求不确定性的能力，实现了多能源系统智能协同生产及优化调控。

3）提出了由区域、子系统、设备、环境四大类指标构成的园区能源系统综合评价指标体系和评价方法，为系统规划、设计及运营提供了客观、可量化的评价基础。

（2）技术创新。

1）研发了针对园区智慧能源微网的系统优化规划设计系统，实现了各种能源设备的优化选型与容量配置。

2）开发了园区智慧能源微网系统综合调控平台，实现了能源系统的智能协同优化调控。

3）开发了园区智慧能源微网系统技术与经济评价系统，通过对系统建设与运行方案的后评估，可为系统建设和运营者提供重要的参考性改进方案。

（3）商业模式创新。提出了以电能作为各种能源间转化和交易的核心，实现园区能源系统的统一运营管理的商业模式，能源公司可为园区提供一体化能源系统解决方案以及增值服务。这种模式改变了中国普遍采用的按能源类别（天然气、电网、供热等）设置能源公司分别进行管理的模式，使能源系统的管理和运行更加高效。

为了评估该项目的整体运行水平，项目构建了详细的评价指标体系，其中区域级指标（详见表 5–9）作为整体指标，用于评估全系统内多种能源的综合利用和集成水平，子系统指标、设备级指标和环境指标则作为个别指标，分别对系统的不同组成部分进行评判。由上述四类指标构成的园区智慧能源微网系统评价指标体系，可以实现对园区能源系统全面、客观的评价。

表 5–9　园区智慧能源微网系统工程评价指标

综合指标	指标说明	公式
能源互联率	体现区域多种能源的综合利用和集成水平	能源互联率=（能源系统入网数量/能源系统总数）×100%
能源自给率	体现园区能源自给自足的能力	能源自给率=（1－能源消耗采购量/能源消耗总量）×100%
能效比	反映了系统运行过程中转换冷/热量的效率	能效比=系统（平均）输出功率/系统（平均）消耗电功率
可再生能源占比	反映可再生能源应用水平	可再生能源占比=（可再生能源利用量/能源消耗总量）×100%

续表

综合指标	指标说明	公式
峰谷差系数	体现园区内负荷移峰填谷的能力	峰谷电系数=区域峰值用电量/区域谷值用电量
电能替代率	体现园区内驱动能源中电能替代化石能源的比例	电能替代率=（电能消耗量/驱动能源总消耗量）×100%

该项目各项指标均满足计划设定目标，其中：

（1）电能替代率：实现了园区内100%电能替代，达到了园区内能源生产系统的污染物零排放。

（2）可再生能源占比：可再生能源的能量供应占比大于 31%，功率最高占比达 64.17%。

（3）能源自给率：除电能需要外部供应外，园区内冷、热、热水等能源均能自给自足。实际运行数据表明，园区能源综合自给率可达 56.38%。

（4）电力峰谷差比值：峰谷电比值可维持在 1.01 左右，先进的调控技术保证了很好的负荷削峰填谷效果。

5.3.2.3 社会经济效益

该项目自 2015 年 12 月至 2016 年 12 月，电能替代用电量为 1229.8 万 kWh，减少碳粉尘约 5612.36t，减少 CO_2 排放约 20 558.10t，减少 SO_2 排放约 616.74t，减少 NO_x 排放约 308.37t，项目的施行，有效提升周边环境品质，起到了良好的节能减排示范效应。

该项目能源微网相关运行信息已通过 UNiLAB 平台进行展示与分享，具体的设备参数、系统实际运行数据以及调控策略等信息均可以通过该平台获取，可以为相关研究提供数据支撑。同时，该项目也将通过 UNiLAB 平台收集相关建议，进一步对系统做出改进，提升运行效率。

该项目所提出的园区能源系统解决方案具备很强的可推广性以及可复制性，在城镇、产业园区、商务区、大型公用设施、海岛等多种应用场景均可以进行应用。

5.3.3　东福山岛风光柴储海水淡化综合示范工程

5.3.3.1　项目概况

东福山岛是中国东部海疆最东的住人岛屿，距浙江省舟山市普陀区沈家门镇45km。岛上拥有较好的风电和太阳能等可再生能源，但此前并没有得到开发和利用。居民的照明用电仅仅依靠驻军的柴油发电机来提供，用水主要依靠雨水收集净化和从舟山本岛运水解决。由于受困于电力和淡水短缺，尽管旅游资源丰富，当地发展旅游业却举步维艰。为了解决东福山岛的民生问题，国电电力联合浙江省电力试验研究院和华东勘测设计研究院等单位建设了东福山岛风光柴储海水淡化综合示范工程。

东福山岛风光柴储海水淡化综合示范工程属于孤岛微网发电系统，该工程以解决当地军民供电、供水困难为目的，以合理、高效地利用海岛可再生能源为宗旨，采用可再生清洁能源为主电源，柴油发电为辅的供电模式。项目总装机容量510kW，其中可再生能源装机容量 310kW，工程配置 7 台单机容量为 30kW 的风力发电机组、100kW 光伏发电系统、960kWh 储能蓄电池、300kVA 光储一体化双向变流器、1 台 200kW 柴油发电机及 1 套 50t/天海水淡化系统，工程现场照片如图 5－36 所示。工程于 2010 年 10 月破土动工，2011 年 4 月建成投运。

可再生能源独立发供电系统的结构多样，可将风力发电系统、光伏发电系统直接与柴油发电机组的电网相连接，构成最简单的系统，也可以构成包括储能装置和可调负荷在内的比较复杂的系统。描述可再生能源独立发供电系统性能的主要参数是平均渗透率，它是可再生能源发电量和总发电量之比。当可再生能源平均渗透率增加时，独立发供电系统的复杂性和成本也会相应增加。

（1）系统目标的设计。在东福山岛可再生能源综合利用受到限制的情况下，50%的可再生能源平均渗透率是同等规模项目中一个比较合理的具有中上水平的目标值。因此确定 50%为可再生能源平均渗透率并作为系统的设计目标，简化系统设计，使项目的建设成本以及寿命期内的运行和维护成本最小化。

(a)

(b)

(c)

图 5-36　东福山岛风光柴储海水淡化综合示范工程现场照片

（a）东福山岛风电（30kW×7）；（b）东福山岛太阳能（100kW）；（c）东福山岛微网储能系统（300kW/2h）

（2）系统设计原则和考虑。要有备用电源。和普通偏远村落不同，东福山岛上的军用设施必须连续运行，在极端风光条件下，独立发供电系统都必须具有连续供电的能力，因此必须配置柴油发电机作为备用电源，增加独立发供电系统的可靠性。

1）以风机为主，光伏为辅。根据东福山岛可再生能源的特点，以风光互补的方式配置独立发供电系统。

2）考虑平均渗透率和运行稳定性。通过配置储能蓄电池及双向变流器（power

conversion system，PCS），实现储存能量和平滑可再生能源波动的功能，提高独立发供电系统的可再生能源平均渗透率和运行稳定性。

3）考虑发供电系统的功率平衡。通过控制风机和光伏的出力实现独立发供电系统的功率平衡，不配置泄放负荷，而是通过新增的海水淡化设施和原有的抽水泵消耗可再生能源的剩余功率。

4）提高利用率。开发以海水淡化为可调负荷的海岛风光储柴独立发供电系统的能量管理系统，在延长蓄电池寿命的前提下，提高可再生能源的利用率。

5）应具有较高的自动化控制水平和简洁的人机界面，系统的运行控制采用无人值守的方式运行。为了减少人力成本，不安排夜间值班，夜间一般采用停运柴油发电机的运行方式。

6）独立发供电系统在不同运行方式下的电能质量都能达到国标要求。

7）具有适度的可扩展空间。

东福山岛独立发供电系统结构如图 5－37 所示，共配置了 7 台单机容量为 30kW 的风力发电机组、100kW 光伏发电系统、960kWh 储能蓄电池、300kVA 光储一体化双向变流器、1 台 200kW 柴油发电机及 1 套 50t/天海水淡化系统。项目采用交直流混网结构，蓄电池组和光伏阵列均分两路接入 PCS 直流侧，再经 DC/AC 变换接至 AC 380V 侧，7 台风机则在 AC 380V 侧汇流。经升压变压器升压后，通过 10kV 线路送电至东福村和驻岛部队。其中，项目控制所需的 300kVA 光储一体化双向变流器为中国国内首创。

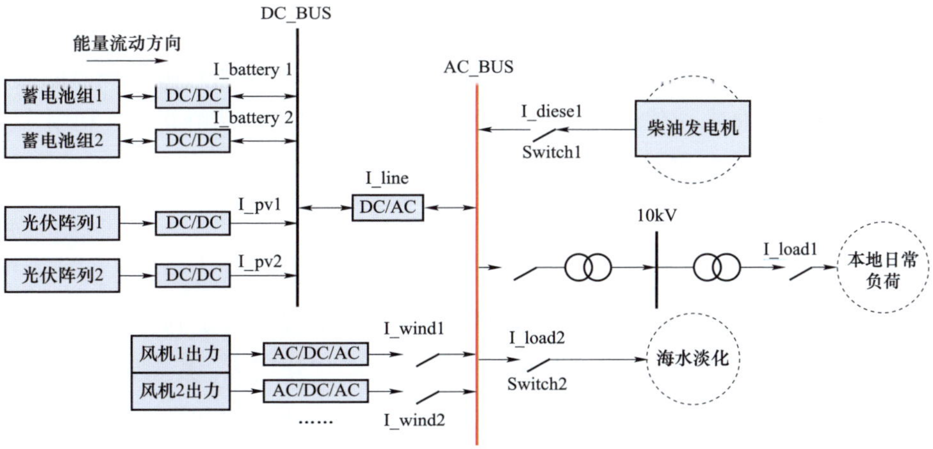

图 5－37　东福山岛独立发供电系统结构图

5.3.3.2 系统运行方式

独立发供电系统控制 380V 交流母线的电压和频率的主电源有两个，一个是柴油发电机，另一个是处于离网控制模式（V/F 模式）的双向变流器。两个主电源不能同时工作。

柴油发电机作为主电源时，柴油发电机自动调节 380V 交流母线的电压和频率，通过柴油发电机功率的变化，使电源功率和负荷维持平衡。双向变流器工作在并网充电模式（P/Q 模式），对蓄电池进行三段式充电，这时蓄电池是独立发供电系统的一个稳定负荷。

离网控制模式下的双向变流器作为主电源时，柴油发电机处于停运状态，双向变流器自动调节 380V 交流母线的电压和频率，通过蓄电池功率的变化，使电源功率和负荷维持平衡。

双向变流器作为主电源时，因为双向变流器不控制能量流动方向，蓄电池可能出现频繁充放电的现象，从而影响蓄电池的使用寿命。通过能量管理系统的蓄电池充放电转换程序和可再生能源功率控制程序，在特定的时间区域控制光伏和风机出力，从而使蓄电池稳定工作在充电或放电状态。

可再生能源充足时，可再生能源除了满足岛内供电，还能对储能蓄电池充电，把多余的可再生能源储存起来。蓄电池充满后，蓄电池转入放电阶段，减少部分可再生能源出力，使蓄电池维持小功率放电状态。蓄电池放电至 55%荷电量左右时，重新投入备用状态，再次进入可再生能源对蓄电池充电的阶段。只要可再生能源充足，就不需要启动柴油发电机。可再生能源不充足时，蓄电池放电至略低于 50%荷电量，则启动柴油发电机以满足岛内供电，同时最大限度地利用可再生能源，对蓄电池进行充电。海水淡化设施等可调负荷和军民用电负荷错峰运行，利用多余的可再生能源制水，可降低制水成本。

5.3.3.3 项目创新性

浙江舟山东福山岛风光储柴海水淡化综合系统工程开展了独立发供电系统优化配置、关键设备研发、系统集成与调试及运行策略优化研究，其主要创新点如下：

（1）针对东福山岛独立发供电系统特殊性，研究了风、光等可再生能源的间歇性、负荷特性、蓄电池系统充放电特性与寿命特性、海水淡化系统及柴油发电机的运行特性，确定了系统各单元的容量配置，提出了一种适用于海岛型独立发供电系统的优化设计。

（2）开发了光储一体化变流器，具有并网和离网双模式运行功能，有效实现了光储系统功率输出的灵活调节。

（3）提出了以海水淡化系统为可调负荷的海岛风光储柴独立发供电系统的优化运行控制策略，提高了可再生能源的利用率。

（4）研发了海岛型风光柴储发供电系统综合监控与能量管理系统，实现了系统的有效监控、能量管理与优化控制。东福山岛风光柴储海水淡化综合示范工程的微网系统和策略运行主界面如图 5－38 和图 5－39 所示。

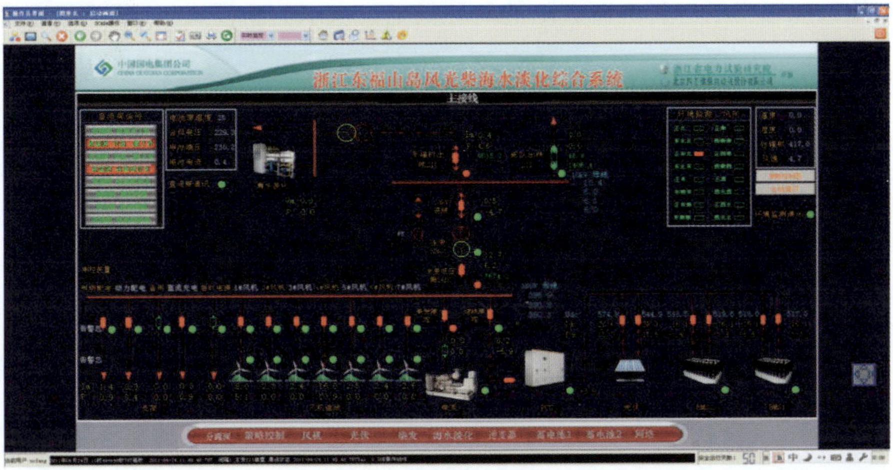

图 5－38　微网系统主界面

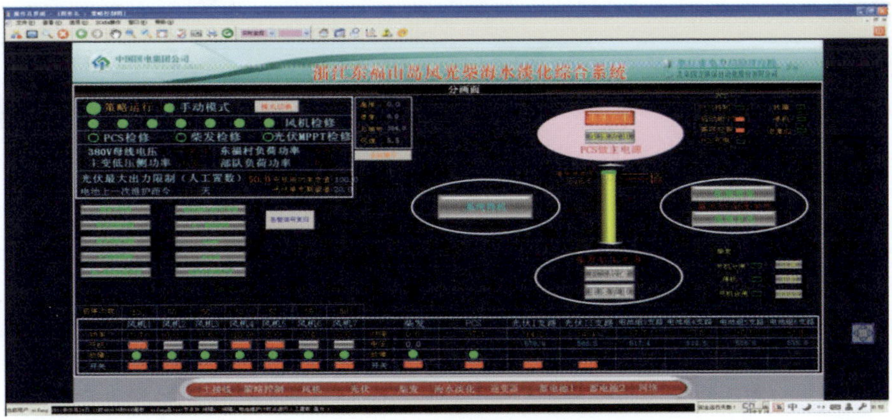

图 5－39　策略运行主界面

5.3.3.4 社会经济效益

东福山岛风光柴储海水淡化综合示范工程建成后，实现了风光柴储优化互补，最大化利用可再生能源，减少柴油发电机的运行小时数，最大化延长蓄电池的使用寿命，发供电系统运行稳定，电能质量显著提高，不会再出现以往因负荷波动引起的突然断电或闪变现象，使岛上拉闸限电和淡水短缺的情况成为过去，不仅提高了军民生活质量，而且使旅游接待条件得到改善，同时也成为海岛的看点之一，拉动了海岛的旅游经济，带动了岛内经济的发展。

该项目是可再生能源综合利用和独立发供电系统建设的一次成功结合。通过项目的实施，探索出了一种远离大陆的岛屿供电、供水的新模式。

第 6 章

中国能源发展经验在APEC推广的前景

为加强区域经济技术合作，推动贸易投资便利化，亚太经济合作组织（APEC）于 1989 年在澳大利亚堪培拉正式成立，宗旨是为本地区人民的共同利益保持经济的增长与发展，促进成员经济的相互依存，加强开放的多边贸易体制，减少区域贸易和投资壁垒。目前，APEC 已发展到 21 个经济体，分别是澳大利亚、文莱、加拿大、智利、中国、中国香港、印度尼西亚、日本、韩国、马来西亚、墨西哥、新西兰、巴布亚新几内亚、秘鲁、菲律宾、俄罗斯、新加坡、中国台北、泰国、美国、越南，21 个经济体分布于亚洲及太平洋沿岸的广阔区域。中国于 1991 年 11 月正式加入 APEC，是 APEC 区域第二大经济体。作为中国参与的第一个区域经济合作组织，APEC 框架下各个层级的合作都获得中国政府的高度重视和积极参与。中国国家主席每年都会出席在 APEC 各经济体轮流召开的 APEC 领导人非正式会议，就全球及地区形势、亚太区域合作、APEC 未来发展等一系列重大问题阐述看法和主张，为历次会议取得成功发挥了积极和建设性的作用。

APEC 地区是全球最具活力和最具潜力的地区，APEC 21 个经济体拥有世界 40%的人口（29 亿）、60%的经济总量和 47%的贸易量，是全球增长的主要动力和引擎。相比非 APEC 成员 2.3%的年均 GDP 增长，APEC 经济体的年均增长为 3.3%。根据国际能源署（International Energy Agency，IEA）统计，2017 年全球一次能源供应和能源消费分别为 13 971Mt 和 9717Mt，同期 APEC 地区一次能源供应和能源消费分别达到 7992Mt 和 4770Mt，分别占全球 57%和 50%。

6.1 APEC 地区能源发展的主要趋势

6.1.1 一次能源供应与消费

自 1990 年到 2017 年，APEC 地区一次能源消费快速增长，年均增速约 3.3%，高于全球平均增速 3%。APEC 地区一次能源供应总量及其结构（1990～2017 年）如图 6–1 所示，从能源供应结构看，APEC 地区以煤炭、石油和天然气为主，占比分别为 35.1%、29.4%和 21.9%，其中煤炭占比明显高于全球平均水平。2000 年以来，一次能源供应增量主要来自煤炭，然而在环境保护和碳减排政策的影响下，

2011 年煤炭供应量达到峰值后稳步下降。

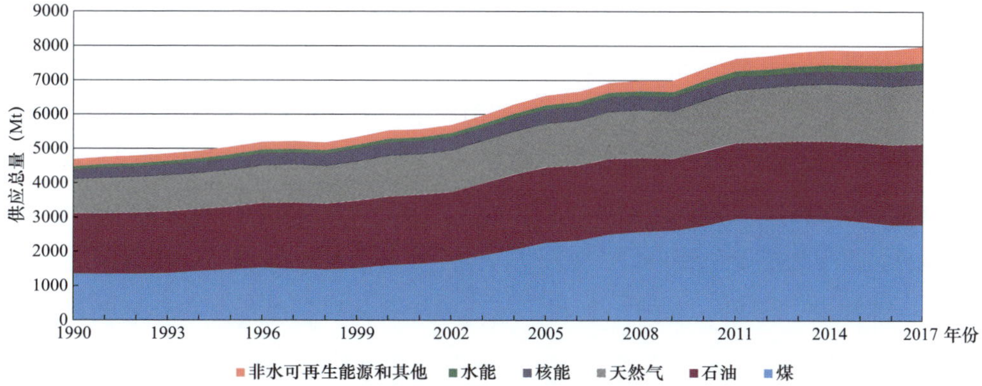

图 6-1　APEC 地区一次能源供应总量及其结构（1990～2017 年）

（数据来源：APEC Energy Database）

APEC 地区包括世界五大能源用户中的四个：中国、日本、俄罗斯和美国，该地区所做的决定已经并将对全球能源发展产生重大影响。从地域上看，APEC 地区能源需求主要集中在中国、美国、俄罗斯、日本、韩国等经济体，其中经济发展程度较高的美国和日本一次能源总需求甚至已呈现下降趋势，而新增能源需求主要来自中国、韩国、印度尼西亚、泰国和越南等经济体。图 6-2 给出了 1990～2017 年 APEC 各经济体一次能源消费量。

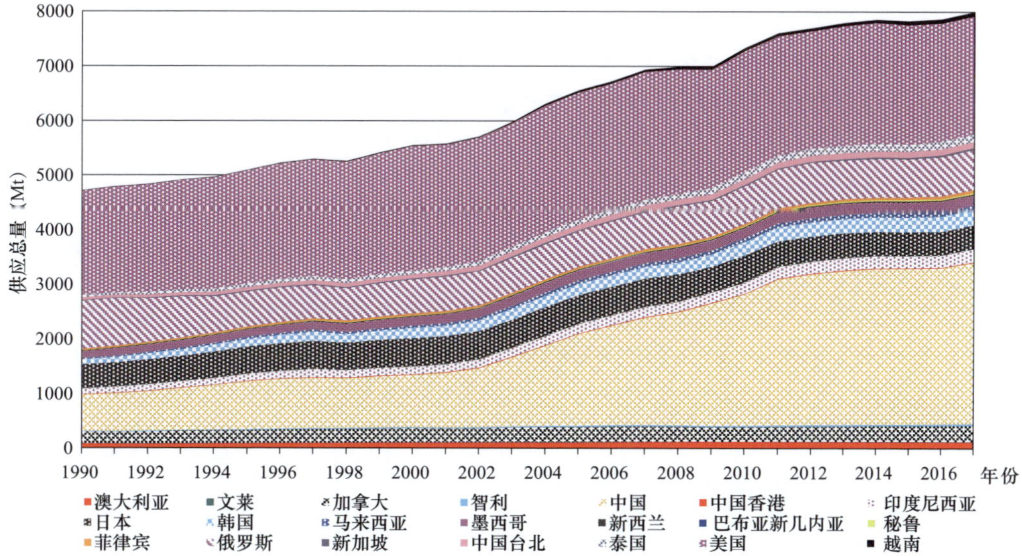

图 6-2　APEC 各经济体一次能源消费量（1990～2017）

（数据来源：APEC Energy Database）

区域自然资源禀赋不同，图 6-3 为 APEC 各经济体一次能源消费结构（2017 年），APEC 各经济体的一次能源消费结构呈现较大差异。APEC 地区能源供应一直以化石燃料为主，煤炭推动了亚太经济合作组织（APEC）近期的经济增长，但自 2014 年以来煤炭的使用量有所下降。2017 年，有 13 个经济体的煤炭占比超过 15%，包括中国（64.5%）、中国香港（43.7%）、越南（36.4%）、澳大利亚（34.6%）、中国台北（34.5%）、韩国（29.3%）、日本（27.0%）、印度尼西亚（23.6%）、菲律宾（26.4%）、马来西亚（25.8%）、智利（19.1%）、俄罗斯（15.5%）和美国（15.4%）。新西兰、菲律宾、印尼、泰国、智利、越南等经济体可再生能源占比相对较高。

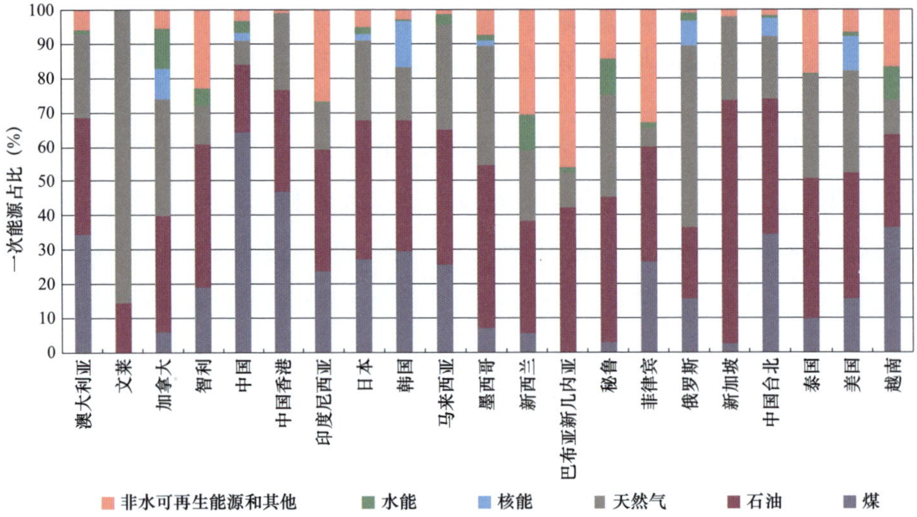

图 6-3　APEC 各经济体一次能源消费结构（2017 年）

（数据来源：APEC Energy Database）

现阶段，APEC 各个经济体中可再生能源作为传统化石能源的重要补充，对低碳和减排发展起到了重要作用；可再生能源以水电为主，太阳能、风能发电因地制宜发展较为迅速，还包含了生物质能和地热能。可再生能源的利用与资源紧密相关，另外由于技术发展的不同，APEC 经济体中发达经济体可再生能源发电量占比高于发展中经济体。

6.1.2　电力供应与消费

APEC 地区是全球主要电力市场，根据 IEA 统计 2017 年全球发电量为

25 710TWh，同期 APEC 地区发电量达到 16 229TWh，占全球发电量的 63%。从能源和环境的角度来看，电力是 APEC 的一个关键领域：2017 年发电消耗了约 40% 的一次能源供应和能源相关的 CO_2 排放。近二十年来，APEC 地区电力消费保持快速增长，年均增速约 3%，其中新增电力需求主要来自发展中经济体，包括中国、韩国、印度尼西亚、中国台北、墨西哥、越南等。过去 10 年，包括加拿大和日本在内的发达经济体的电力需求基本稳定。

为了满足发展中经济体迅速增长的电力需求，APEC 地区用于发电的化石燃料使用量显著增加。图 6－4 给出了 2006～2017 年 APEC 地区电力消费总量及其结构变化情况，APEC 地区以煤电、气电和水电为主，2017 年占比分别为 43.1%、20.6% 和 15.7%。近些年燃煤发电增长趋于平缓，燃油发电逐步降低，可再生能源发电快速增加。

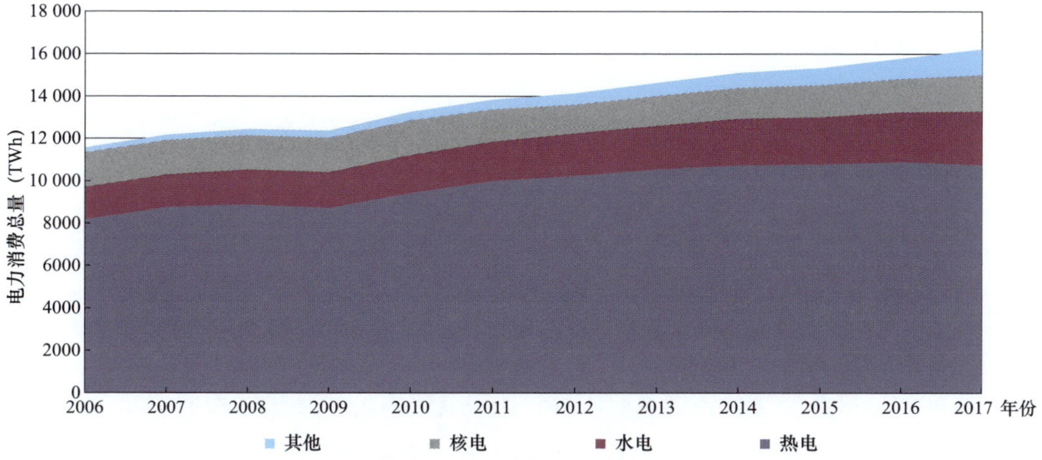

图 6－4　APEC 地区电力消费总量及其结构（2006～2017 年）

（数据来源：APEC Energy Database）

APEC 地区各个经济体 2017 年的发电结构如图 6－5 所示。其中，14 个经济体的煤电占比超过 15%，包括中国（64.7%）、中国香港（62.0%）、澳大利亚（62.3%）、印度尼西亚（58.1%）、菲律宾（49.6%）、中国台北（46.6%）、马来西亚（43.0%）、韩国（45.5%）、智利（36.9%）、越南（34.0%）、日本（33.8%）、美国（31.0%）、泰国（19.3%）和俄罗斯（16.0%）。新西兰、加拿大、秘鲁、越南和智利的电力结构以水电为主。新加坡、文莱、泰国、俄罗斯、墨西哥和秘鲁的电力结构以气电为主。

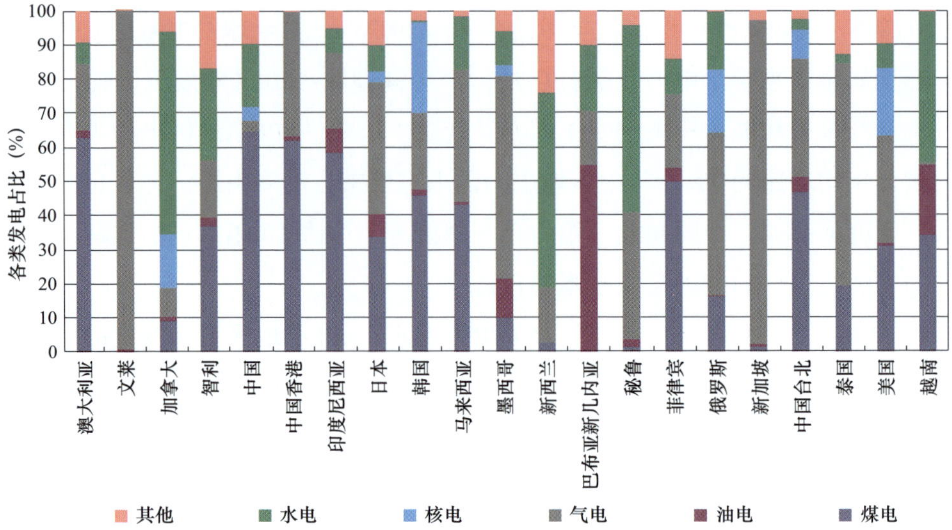

图 6-5　APEC 各经济体发电结构（2017 年）

（数据来源：APEC Energy Database）

6.2　APEC 经济体能源政策综述

6.2.1　APEC 地区能源政策总体情况

APEC 地区各经济体资源禀赋不同，造成其现有能源技术结构的不同；而各经济体制定的能源政策和战略，会在此基础上对其未来能源技术发展需求产生影响。表 6-1 总结了基于本国的能源资源禀赋、能源消费需求等因素 APEC 地区各经济体制定的能源发展政策和战略。随着对生态环境的重视，APEC 各经济体的能源政策呈现出越来越清洁、低碳的发展趋势。APEC 各经济体无一例外地提出了发展可再生能源、提升可再生发电占比的能源政策。

APEC 地区发达经济体中，仅日本和韩国规划增加煤电装机容量；澳大利亚、加拿大、中国台北和中国香港都规划减少煤炭使用，降低煤电比例，逐步关停燃煤电厂或用清洁能源替代燃煤电厂；新西兰主要发展可再生能源；巴布亚新几内亚也提出了未来全部由可再生能源发电的 2050 能源战略规划；而美国政策则变化较大，特朗普政府退出了《巴黎协定》，废除了奥巴马时期的清洁能源计划，转而制定支持煤炭使用的政策。APEC地区发展中经济体中，印度尼西亚、马来西亚、菲律宾、泰国、越南等东南亚经济体均规划增加煤电装机容量或煤电比例；俄罗斯火电比重有所降低；智利和墨西哥计划逐步改造或关闭旧有燃煤电厂；而秘鲁、文莱和巴布亚新几内亚以发展可再生能源为主。

表6－1　　　　APEC各经济体能源发展政策和战略

序号	经济体	能源发展政策和战略
1	澳大利亚	2018年签署的《国家能源保障计划（*National Energy Guarantee*）》：逐步寻找合适的清洁能源替代燃煤电厂；2020年可再生能源占20%或可再生能源发电量达41TWh
2	文莱	2011年制定《能源效率和节约（*Energy Efficiency & Conservation*）发展规划》：要求到2035年可再生能源发电量在总发电量中占比达到10%
3	加拿大	电力需求为年均增长1%；预计到2040年，可再生能源发电量占比约16%，燃煤发电量占比5%以下；逐步减少煤炭使用并关停燃煤机组；新建燃煤电厂必须进行碳减排，所排放的大气污染物要达到蒸汽—燃气联合循环电厂的标准
4	智利	"智利2050"能源发展战略：该战略决定智利未来优先发展可再生能源，提高可再生能源发电比例，预计2025年可再生能源发电量占比达到总发电量的25%，逐步降低化石能源发电，逐步关闭旧有燃煤和石油天然气电厂，并改造具有碳封存和捕捉技术及其他同等技术的火电厂以达到国家要求的排放标准
5	中国	《能源发展"十三五"规划（2016～2020）》：提出到2020年能源消费总量控制目标为50亿t标煤，煤炭消费占一次能源比重不超过58%，其中电煤占比超过55%；非化石能源占比提升至15%以上
6	中国香港	《香港气候行动蓝图2030+》：为实现碳减排目标，将逐步降低燃煤发电比例，增加天然气发电和可再生能源比例；到2020年燃煤发电降至25%，到2030年可再生能源发电占比达到3%～4%
7	印度尼西亚	2016年的电力发展规划（RUPTL）：在2016～2025十年内，计划新增装机80 538MW，年均增加约8000MW；新增装机中，燃煤电站占43%，燃气和联合循环电站占29%，新能源占到25%左右
8	日本	2015年的《战略能源计划（*Strategic Energy Plan*）》：较低使用核能，降低油电和气电比例，增加煤电和可再生能源占比来提高能源稳定性并降低排放；2030年煤电占比应为36%，可再生能源占比应达到23%；新建燃煤电厂具有超超临界的效率水平
9	韩国	严格控制燃油电厂的建设，天然气和可再生能源将在发电结构中占更大比重；到2030年，20%的电力来自绿色能源，装机达58.5GW；煤电占比达36.1%，装机达39.9GW。新出台的燃煤发电政策规定在燃煤电厂设计寿命结束前关闭老化的燃煤电厂
10	马来西亚	《"十一五"规划（2016～2020年）》：在能源和发电领域，鼓励发展可再生能源，优化燃料组合，降低发电行业对化石燃料的依赖；到2020年全国电力生产达到1919亿kWh，其中煤电占比由2015年的43%提高到53%，气电占比从2015年的40%下降至29%，水电占比15%，可再生能源占比3%
11	墨西哥	2015年通过的《能源转型法案（*Energy Transition Law*）》：增加清洁能源使用，到2025年清洁能源发电占比达35%，天然气的"高效联产热电"也包括在内；同时，要逐步改造并关闭旧有的燃煤电厂
12	新西兰	《新西兰能源战略（2011～2021）》：2025年90%的电力来自可再生能源（包括水电），2035年实现100%的可再生能源发电

续表

序号	经济体	能源发展政策和战略
13	巴布亚新几内亚	2030 年电力普及率达到 70%，2050 年达到 100%的电力由清洁能源供应
14	秘鲁	《利用可再生能源发电投资促进法（2008 年）》：预计 2030 年非传统可再生能源装机占比将达到 15%（包括风电、太阳能和生物质）
15	菲律宾	《国家可再生能源发展计划》：到 2030 年可再生能源装机达到 15 299MW。 《电力发展规划（2016～2040）》：到 2040 年全国电力系统需新增装机 43 765MW，其中包括 25 265MW 基础负荷（包括新增煤电、地热、生物质和水电），14 500MW 调峰负荷（新增气电）和 4000MW 尖峰负荷（油电、风电和太阳能）
16	俄罗斯	《俄罗斯电力发展规划》：2030 年总装机规模将达到 3.1 亿 kW，重点发展核能和再生能源发电，比重分别升到 15.2%和 3.9%；而火电和水电比重则分别降至 64.4%和 16.5%
17	新加坡	煤电占比很小，未来发展可再生能源以降低气电比例，2019 年新建 120MW 废弃物电站，2020 年将太阳能使用量提高到 350MW
18	中国台北	2016 年通过《“电业法”修正案》：在 2025 年之前彻底关停核电厂，提升气电比例，降低煤电比例，实现“天然气 50%、燃煤 30%、可再生能源 20%”的能源结构
19	泰国	2015 年泰国能源部发布未来 20 年电力开发规划：发电总装机量提高至 71 000MW；未来 10 年，政府将推动 4～5 家煤电厂项目，以此来降低天然气发电比重；计划 20 年后将天然气发电占比从 64%降低至 37%，将燃煤发电占比从 19%提高到 23%，可再生能源发电占比从 13%增至 20%，邻国购买电力占比从 6%提高到 15%；同时为未来核电项目预留 5%的发展空间
20	美国	特朗普政府采取了一系列措施挽救煤电，包括取消了前总统奥巴马时代旨在降低电厂碳排放的清洁能源计划；废除了奥巴马时代的联邦土地煤炭租赁中止令；退出了《巴黎协定》；通过联邦能源监管委员会为煤炭存货周转时间达到 90 天以上的电厂提供补贴等
21	越南	2015～2017 年，越南政府批准了一系列能源发展计划，明确提出将优先发展水电，不断提高可再生能源比例，同时适当提高煤电占比： （1）一次能源供应：2020 年一次能源供应总量达到 10 000 万～11 000 万 t 标准油，2025 年达到 11 000 万～12 000 万 t，2050 年达到 31 000 万～32 000 万 t； （2）电力需求：2020 年电力需求总量 2336 亿 kWh，2025 年达到 3512 亿 kWh，2030 年达到 5050 亿 kWh，2035 年达到 6866 亿 kWh； （3）煤电：2020 年煤电总功率达到 26GW，发电量占各类电能比例 49.3%；2025 年总装机达到 47.6GW，发电量占比达到 55%；2030 年达到 55.3GW，发电量占比 53%； （4）可再生能源：2020 年可再生能源（包括大型水电）占一次能源供应总量 31%，2030 年可再生能源占比达到 32%，2050 年达到 44%。2020 年可再生能源发电量达到 1010 亿 kWh，2030 年达到 1860 亿 kWh，2050 年达到 4520 亿 kWh

数据来源：根据公开资料整理。

6.2.2 APEC 地区可再生能源发展

可再生能源发展一直是 APEC 地区重要议题之一，APEC 各经济体对于可再生能源的发展和在本地区能源结构中的作用极为重视。2014 年 9 月，第 11 届 APEC

能源部长会议上正式承诺“到 2030 年 APEC 地区可再生能源在地区一次能源结构中的比重比 2010 年翻一番，并指示 APEC 能源工作组通过新能源与可再生能源专家组（EGNRET）制定目标的路线图”。该目标得到 APEC 经济体一致同意，写入 2014 年 APEC 领导人宣言，并在 2015 年和 2016 年 APEC 领导人中得到重申。

2015 年 APEC 第 23 次领导人非正式会议宣言：“我们重申 2035 年将总能源强度降低 45%，到 2030 年将可再生能源在地区能源构成中的比例提升一倍的期望目标，在亚太地区实现可持续、有韧性的能源开发。”

2016 年 APEC 第 24 次领导人非正式会议宣言：“我们重申到 2035 年将总能源强度降低 45%，以及到 2030 年将可再生能源在本地区能源结构中比重提高一倍的宏伟目标。”

6.2.2.1　APEC 各经济体可再生能源发展目标

APEC 各经济体的可再生能源发展政策和目标如表 6-2 所示。

智利、墨西哥、新西兰和巴布亚新几内亚 4 个经济体制订了 50%及以上的可再生能源发电份额目标，其中新西兰和巴布亚新几内亚的目标最高，新西兰计划到 2025 年可再生能源发电量占比达到 90%，巴布亚新几内亚提出到 2050 年可再生能源发电量占比达到 100%。

中国、印尼、日本、韩国、马来西亚、中国台北、泰国和越南 8 个经济体制订了 15%以上的可再生能源发电份额目标。文莱、中国香港、秘鲁和俄罗斯 4 个经济体制订了 10%或以下的可再生能源发电份额目标，其中秘鲁和俄罗斯的目标不包括水电。

澳大利亚计划 2020 年可再生能源发电量达到 33TWh；菲律宾计划可再生能源装机容量 2030 年和 2040 年分别达到 15GW 和 20GW；新加坡计划到 2020 年光伏装机达到 300MW。

加拿大和美国 2 个经济体未公布过国家级可再生能源发展目标，但部分地区制订了地方发展目标。加拿大部分地区可再生能源电力占比目标：艾伯塔省 30%（2030 年）、新不伦瑞克 40%（2020 年）、萨斯喀彻温省 50%（2030 年）。美国部分地区可再生能源电力占比目标：夏威夷 100%（2045 年）、伊利诺斯州 25%（2026 年）、缅因州 100%（2050 年）、马里兰州 50%（2030 年）、马萨诸塞州 40%（2030 年）、内华达州 25%（2025 年）、俄勒冈州 50%（2040 年）、华盛顿特区 100%（2032 年）、华盛顿州 100%（2045 年）、哥伦比亚特区 100%（2032 年）、波多黎各 100%（2050 年）、美属维尔京群岛 30%（2025 年）。

表 6-2　　APEC 各经济体可再生能源发展政策和目标

序号	经济体	可再生能源发展政策	可再生能源发展目标
1	澳大利亚	《澳大利亚可再生能源目标（*Australia's Renewable Energy Target*）》（2001）	发电量达到 33TWh（2020 年）
2	文莱	《能源白皮书（*Energy White Paper*）》（2014）	发电量占比达到 10%（2035 年）
3	加拿大	*Pan-Canadian Framework on Clean Growth and Climate Change*（*2016*）	
4	智利	《能源 2050（*Energy 2050*）》（2015）；《能源路线图（*Energy Roadmap*）》（2015）	发电量占比至少达到 60%（2035 年）和 70%（2050 年）
5	中国	《可再生能源发展“十三五”规划（2016～2020）》	装机达到 6.8 亿 kW，发电量达到 1.9 万亿 kWh，占比达到 27%（2020 年）
6	中国香港	《香港气候行动蓝图 2030+》（2017）	可再生能源发电用能源占比将达到 3%～4%（2030 年）
7	印度尼西亚	《总统条例（*Presidential Regulation*）22/2017》；《国家能源总体规划 2015～2050（*General Plan of National Energy*）》	发电量占比到达到 11%（2035 年）和 17%（2050 年）
8	日本	《第 4 次战略能源计划（*4th Strategic Energy Plan*）》（2014）；《能源供需长期展望（*Long-term Energy Supply and Demand Outlook*）》（2015）	发电量占比达到 22%～24%（2030 年）
9	韩国	《第 4 次国家新能源和可再生能源基本规划（*4th National Basic Plan for New and Renewable Energy*）》（2014）；《第 8 次电力供需基本规划（*8th Electricity Demand and Supply Basic Plan*）》（2017）	发电量占比达到 20%，装机占比达到 34%（2030 年）
10	马来西亚	《国家可再生能源政策和行动计划（*National Renewable Energy Policy and Action Plan*）》（2009）；《可再生能源法案（*Renewable Energy Act*）》（2011）；《可持续能源发展授权法案（*Sustainable Energy Development Authority Act*）》（2011）；《第 11 个马来西亚规划（2016～2020）（*11th Malaysia Plan*（*2016～2020*））》；《国家生物燃料政策（*National Biofuel Policy*）》（2006）	发电量占比达到 7.8%，装机占比达到 11%（2020 年）；发电量占比达到 17%（2030 年）；装机达到 21GW（2050 年）
11	墨西哥	《墨西哥能源转型法（*Mexico's Energy Transition Law*）》（2015）	发电量占比至少达到 35%（2024 年）、50%（2050 年）。
12	新西兰	《新西兰能源战略 2011～2021（*New Zealand Energy Strategy 2011～2021*）》；《可再生能源发电国家政策声明（*National Policy Statement for Renewable Electricity Generation*）》（2011）；《2008 年气候变化应对（排放交易）修正法案（*Climate Change Response*（*Emissions Trading*）*Amendment Act 2008*）》	发电量占比达到 90%（2025 年）

续表

序号	经济体	可再生能源发展政策	可再生能源发展目标
13	巴布亚新几内亚	《愿景 2050（*Vision 2050*）》（2009）	发电量占比达到 100%（2050 年）
14	秘鲁	《国家能源规划 2014～2025（*National Energy Plan 2014～2025*）》	发电量占比达到 60%（2025 年），其中 55%为水电，5%为非传统可再生能源
15	菲律宾	《可再生能源法案（*Renewable Energy Act*）》（2008）；《生物燃料路线图 2017～2040（*Biofuels Roadmap 2017～2040*）》；《生物燃料法案（*Biofuels Act*）》（2006）	装机达到 15GW（2030 年）和 20GW（2040 年）
16	俄罗斯	《到 2020 年国家可再生能源利用政策的基本方向（*The Basic Directions of a State Policy of Renewable Energy Utilisation up to 2020*）》（2009）；《能源战略 2030（*Energy Strategy 2030*）》（2009）	发电量（不包括水电）占比达到 4%～6%（2030 年）
17	新加坡	《光伏系统手册（*Handbook for PV Systems*）》（2011）；《可再生能源白皮书（*White Paper on Renewable Energy*）》（2014）	光伏发电装机 350MW，占峰值电力需求 4.5%（2020 年）
18	中国台北	《可再生能源开发法案（*Renewable Energy Development Act*）》（2009）；《新能源政策（*New Energy Policy*）》（2016）	发电量占比达到 20%（2025 年）
19	泰国	《替代能源发展规划 2015～2036（*Alternative Energy Development Plan 2015～2036*）》	发电量占比达到 30%（2036 年）
20	美国	《美国能源独立与安全法案（*US Energy Independence and Security Act*）》（2007）	
21	越南	《可再生能源发展规划（*Renewable Energy Development Strategy*）》（2015）；《生物燃料发展计划（2007 年）和路线图（2017 年）》［《*Biofuels Development Scheme*（*2007*）*and Roadmap*（2017）》］	至 2022 年电力总装机量达 0.60 亿 kW，其中可再生能源占 21%；2025 年，电力总装机量达 0.96 亿 kW，其中可再生能源占 13%；至 2030 年，电力总装机量达 1.30 亿 kW，其中可再生能源占 21%

数据来源：1. APEC Energy Demand and Supply Outlook 7th Edition，APERC，2019/05。
2. 东盟国家可再生能源发展规划及重点案例国研究报告，水电水利规划设计总院，2019/04。

6.2.2.2 APEC 地区可再生能源发展现状

根据国际可再生能源署（IRENA）的统计数据，2013～2017 年，多数 APEC 经济体在可再生能源电力发展方面取得长足进步。

（1）澳大利亚：可再生能源装机总量 5 年内增加了 23.6%，主要来自太阳能和风电。

（2）加拿大：可再生能源装机总量较大，达到 98 697MW，增量主要来自水电，太阳能增加了 1 倍左右，风电增长了 37%；生物质能也增加 24%。

（3）智利：可再生能源装机总量 5 年内增加了 28.7%左右，增量主要来自太阳能（增加了 38 倍）、风电（增加了 4.7 倍），生物质能反而出现下降。

（4）印度尼西亚：水电和地热能是增长相对较快的类别，其中 5 年内水电增加了 216MW，地热能增加了 606MW，二者共计占可再生能源装机总量增量的 9 成左右。

（5）日本：可再生能源装机总量总体较高，5 年内增长几乎一倍，其中太阳能增长尤其较快，增长 4 倍左右。

（6）韩国：可再生能源装机总量 5 年内也几乎翻番，太阳能增加 4 倍左右，风电和生物质能几乎增加 1 倍左右。

（7）马来西亚：水电增长几乎 1 倍，太阳能和风电装机总量仍然较小，但增长较快，其中太阳能增长 3 倍左右。

（8）墨西哥：可再生能源装机总量 5 年内增加了 20%，主要来自水电 1037MW（占增量的 27%）和风电 1883MW（占增量的 49%）和太阳能（占增量的 13%）。

（9）新西兰：可再生能源装机总量增长较慢，增量来自太阳能和风电。

（10）巴布亚新几内亚：经济体较小，可再生能源装机总量几乎无增长，增量主要来自水电。

（11）秘鲁：可再生能源装机总量 5 内增加 34%，主要来自水电和风电。

（12）菲律宾：可再生能源装机总量 5 年内增长了 20%，其中太阳能实现了 885 倍的增加，风电也几乎增长了 13 倍，生物质能增长了 1 倍，传统水电和地热能增长较少。

（13）俄罗斯：俄罗斯可再生能源装机总量 5 年内几乎保持不变，增长了 3%，增量主要来自水电，太阳能也有所发展。

（14）新加坡：新加坡 5 年内可再生能源装机总量增长 1 倍，几乎全部来自太阳能，风电也实现从无到有，但总量微乎其微。

（15）中国台北：可再生能源增量几乎全部来自太阳能，增长 5 倍左右。

（16）泰国：可再生能源装机总量 5 年内增长了 40%，大多来自太阳能、风电和生物质能的增加，其中太阳能增长了 3.4 倍，风电增加了 2.8 倍，生物质能增加了 1.45 倍。

（17）美国：可再生能源装机总量达到 229.9GW，增量主要来自非水电可再生能源。

（18）越南：越南的可再生能源装机总量虽然较多，但绝大多数来自水电，占总量的 95.5%左右。

APEC 各经济体截至 2017 年底的水电、太阳能、风电、地热能和生物质等可再生能源装机数据如表 6－3 所示，装机占比情况如图 6－6 所示。从总量来看，APEC 各经济体也基本均以水电为主，并远远领先于其余能源类别，这与水资源储藏量大、分布广、技术发展起步早相关；光伏发电发展迅速，风能发展因地制宜，但各经济体差别较大，生物质能与地热能占比较小。以 2017 年数据为例，APEC 地区可再生能源中水电、风电和太阳能的占比分别为 58.2%、23.2%和 20.3%，生物质能占比仅为 3.5%，地热能不足 1%。横向对比可以看出，发达经济体可再生能源总量远大于发展中经济体，除美国、加拿大、俄罗斯等外，墨西哥、越南、智利的可再生能源发展较快。

表 6－3　　APEC 各经济体可再生能源发电装机容量（2017 年）

序号	经济体	可再生能源装机容量（MW）					
		水电	太阳能	风电	生物质能	地热能	总量
1	澳大利亚	8725	6419	4557	827	—	19 112
2	文莱	—	1	—	—	—	1
3	加拿大	81 478	2938	12 313	2119	—	98 697
4	智利	6733	2183	1421	483	—	10 821
5	中国	332 070	130 646	164 061	11 239	26	618 675
6	印度尼西亚	5382	9	1	1746	1950	9095
7	日本	50 187	48 600	3181	2131	521	82 696
8	韩国	6489	5603	1215	1997	—	10 861
9	马来西亚	6030	362		940	—	7332
10	墨西哥	12 670	570	4005	866	914	19 025
11	新西兰	5340	67	690	123	—	7206
12	巴布亚新几内亚	274	0	—	4	53	331
13	秘鲁	5245	100	240	183	—	5768
14	菲律宾	4308	885	427	228	1916	7092
15	俄罗斯	51 638	196	11	1370	78	51 779
16	新加坡	—	143	1	128	—	273
17	中国台北	4691	1733	692	412	—	4926

续表

序号	经济体	可再生能源装机容量（MW）					
		水电	太阳能	风电	生物质能	地热能	总量
18	泰国	3575	2802	628	3824	—	9698
19	美国	102 132	42 889	87 544	13 151	2488	229 913
20	越南	17 766	8	205	183	—	18 612

数据来源：Renewable Capacity Statistics 2018，IRENA。

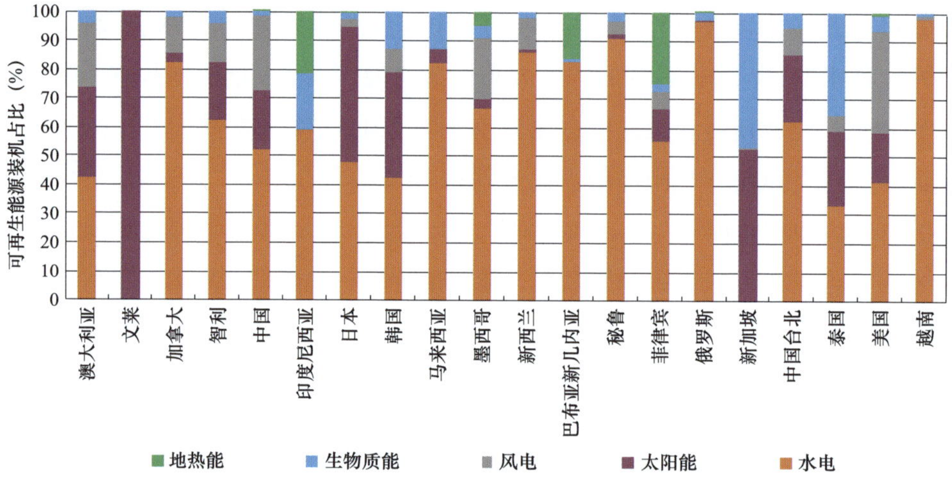

图 6-6 APEC 各经济体可再生能源发电装机结构（2017）

（数据来源：Renewable Capacity Statistics 2018，IRENA）

6.2.3 APEC 地区清洁能源技术需求

根据 IEA 预测，未来 20 年全球能源需求仍将保持稳定增长。从预测的结果来看，煤炭在未来一次能源需求中仍将扮演重要的角色。对 APEC 地区而言，从目前能源供应结构看，煤炭仍然是重要的一次能源，所占比重超过 1/3，2011 年后 APEC 地区煤炭供应量总体呈下降趋势，但总体的煤炭消费需求体量仍然庞大，煤炭资源开发和利用的成本相对低廉、可靠，在确保燃煤发电清洁高效的前提下，推动燃煤发电技术应用，也是满足地区能源增长需求的重要手段。预测到 2050 年，APEC 地区没有碳捕获和封存（CCS）的化石燃料仍然是最大的电力来源，尽管它们在发电量中的份额将从 2016 年的 69%稳步下降到 2050 年的 57%。

APEC 各经济体对可再生能源的大力推崇，可再生能源技术在各经济体均有需求；结合各经济体资源禀赋、能源政策和战略，对各经济体的清洁煤电技术需求分析如下。

（1）发达经济体的能源技术发展需求分析。

1）澳大利亚：煤炭、天然气资源丰富，并且大量出口。发电以煤电为主，气电为辅；国内煤炭消费大部分用于发电，2016 年煤电发电量占比高达 63.6%。澳大利亚电力需求平稳，未来其将主要由可再生能源及其他清洁能源发电技术代替老旧燃煤电厂。超超临界燃煤技术、CFB 技术和超低排放技术等是澳大利亚所需要的。

2）加拿大：石油、天然气、水利和铀资源都比较丰富，石油和天然气主要出口美国。国内电力需求平稳，以水电为主（2016 年占比 58%），核电为辅（2016 年占比 15%），煤电仅占 9%左右。加拿大未来大力发展可再生能源和气电，逐步减少煤炭使用，并规定新增煤电机组需达到蒸汽—燃气联合循环机组排放标准。加拿大未来可能对超低排放技术等有一定需求。

3）日本：能源资源匮乏，基本靠进口满足国内需求。日本过去以核电、煤电和气电为主，还存在大量油电。自 2012 年福岛核事故以后，基本弃用核电，降低油电和气电比例，增加了煤电和可再生能源占比。日本对发电技术效率及环保要求严格，超超临界发电技术和超低排放技术在日本有较大需求。但日本本国发电技术先进，中国技术需发挥经济性优势。

4）韩国：能源资源匮乏，基本依赖进口。其电力需求平稳增长，以煤电、气电和核电为主，2016 年分别占比 42%、22%和 29%。未来可再生能源装机会迅速增加，煤电总装机会有一定程度的增加，考虑到老旧电厂的退役，韩国未来对超超临界燃煤技术和超低排放技术有较大需求。

5）中国台北：能源资源匮乏，98%一次能源都需要进口。发电以煤电、气电和核电为主，2016 年发电量分别占总发电量的 46.2%、31.5%和 12%。2017 年通过修正案规划，在 2025 年之前将可再生能源占比从目前的不足 2%提升至 20%，同时彻底关停核电厂，实现“天然气 50%、燃煤 30%、可再生能源 20%”的能源结构。但从近期的实施效果来看不甚理想，部分地区电力供应紧张、天然气供应困难等因素，未来对于超超临界燃煤发电技术和超低排放技术将有较大需求。

6）美国：煤、气储量丰富，自给自足；石油需要大量进口。美国发电总量变化不大，以气电、煤电和核电为主，2016 年三者所占比例分别为 33.0%、31.5%和 19.6%。美国近年无新建燃煤电厂，随着老旧燃煤电厂退役，煤电发电量占比逐年减少。鉴于煤电在美国不具有经济优势，并且美国对环保的要求严格，因此超低排放技术改造在美国有一定的需求。

7）中国香港：无能源资源，能源全部依赖进口。现在以火电为主（煤电 64.7%、气电 34%）。未来用电需求平稳，以发展气电和可再生能源为主，燃煤机组将逐步退役。未来中国香港对于清洁燃煤发电技术和环保改造需求空间有限。

8）新西兰：总体能源需求不大，电力主要以水电和可再生能源为主，有一部分气电，煤电占比很小。未来气电和煤电占比会进一步萎缩，因此仅可再生能源技术在新西兰有需求空间。

9）新加坡：无能源资源，全部依赖进口。电力以气电占主导地位，煤电份额非常少。未来会增加可再生能源技术，清洁煤电技术发展空间有限。

（2）发展中经济体的能源技术发展需求分析。

1）智利：能源资源匮乏，大部分需要进口。发电以煤电、水电和气电为主，煤电 2016 年占比达 38.1%。智利未来优先发展可再生能源，逐步关闭旧有燃煤和石油天然气电厂，并改造具有类似碳捕集和封存技术的火电厂以达到国家要求的排放标准。超低排放技术是智利所需要的。

2）印度尼西亚：煤炭资源丰富，并大量出口。印尼电力需求增长强劲，以煤电和气电为主，未来对超超临界燃煤技术、CFB 燃烧技术、超低排放技术都有很大的需求空间。

3）马来西亚：油气资源丰富，并大量出口；进口煤炭并主要用于发电。马来西亚近年来电力需求增长强劲，主要靠新增煤电和水电来满足电力需求增长，2016 年煤电发电占比已达到 44%，预计未来会进一步增长。所以超超临界燃煤技术、CFB 燃烧技术、超低排放技术都有很大的需求空间。

4）菲律宾：煤、石油大量进口，天然气自产自用。菲律宾供电以煤电、气电为主，辅以地热发电以及水电。近年来菲律宾电力需求快速增长，超超临界燃煤发电技术、CFB 燃煤发电技术和超低排放技术都有非常大的需求空间。

5）泰国：能源资源有限，大部分靠进口解决。泰国发电以气电为主，火电发电量仅占 19%。泰国电力需求增长强劲，新增电力主要靠煤电、可再生能源和外购解决，超超临界燃煤发电技术、CFB 燃烧技术、超低排放技术等在泰国都有很大需求。

6）越南：水力和油气资源丰富，但仍需进口煤和石油满足国内需求。2000 年以前越南电力供应以水电和气电为主，两者发电量占到总发电量的 80%以上。近年来电力需求大大增加，电力需求增长主要靠煤电解决，截至 2016 年煤电占比由 2010 年的 18%提高到 37.8%。未来超超临界燃煤发电技术、CFB 燃烧技术、超低排放技术等在越南都有非常大的发展空间。

7）俄罗斯：煤、油、气储量丰富，油气大量出口。俄罗斯发电量总体处于平稳趋势，一直以天然气发电为主，约占 50%；煤电、水电、核电占比为 15%～18%。从近年来经济和能源消费水平看，俄罗斯不会出现大的新建煤电机组的投资潮，虽然面对环保压力，超低排放有推进的必要性，同时从目前煤电企业的经营压力看，进度会相对于缓慢。

8）秘鲁：天然气资源丰富。秘鲁电力供应以水电和气电为主，分别占比 46.5%和 45%，煤电仅占 2%。未来秘鲁对煤炭技术基本无需求。

9）墨西哥：油、气、铀资源丰富，石油大量出口。墨西哥发电模式以气电为主体，辅以水电、油电，煤电使用较少。为了满足清洁能源的可持续利用，墨西哥对超低排放技术有少量需求。

10）巴布亚新几内亚：油气资源相对丰富，88%天然气用于出口。电力以油电和水电为主，2016 年发电量分别占 57.14%和 22.61%。巴布亚新几内亚电力普及率较低，低于 20%，未来电力需求潜力很大，但对燃煤发电技术需求不高。

11）文莱：油气资源相对丰富，大部分用于出口。国内电力需求不大，主要靠天然气发电，未来会以可再生能源技术替代部分气电，对清洁燃煤发电技术无需求。

根据以上分析，APEC 地区清洁燃煤发电技术需求见表 6－4。

表 6－4　　APEC 各经济体清洁燃煤发电技术需求

序号	经济体	资源禀赋	清洁燃煤发电技术需求		
			所需技术	单机容量*	总容量**
1	澳大利亚	煤、天然气资源丰富，并大量出口	超超临界燃煤发电技术、CFB 燃烧技术、超低排放技术	大型	大
2	文莱	油、气资源丰富，大部分出口	无	—	—

续表

序号	经济体	资源禀赋	清洁燃煤发电技术需求		
			所需技术	单机容量*	总容量**
3	加拿大	油、气、水、铀资源丰富	超低排放技术	中型	中
4	智利	能源非常匮乏，大部分需要进口	超低排放技术	中小型	中、小
5	中国	多煤贫油少气，煤炭自用，油气大量进口	超超临界燃煤发电技术、CFB 燃烧技术、超低排放技术	大型	大
6	中国香港		超低排放技术	中小型	小
7	印度尼西亚	煤储量丰富，煤、天然气出口，油需要进口	超超临界燃煤发电技术、CFB 燃烧技术、超低排放技术	大中型	大
8	日本	能源储藏匮乏，所有化石能源基本都来自于海外	超超临界燃煤发电技术、超低排放技术	大中型	大
9	韩国	能源储藏匮乏，大量进口能源	超超临界燃煤发电技术、超低排放技术	大中型	大
10	马来西亚	油气资源丰富，煤炭产量低，可再生资源开发潜力较大	超超临界燃煤发电技术、超低排放技术	大中型	大
11	墨西哥	油、气、铀资源丰富，石油大量出口	超低排放技术	中小型	中、小
12	新西兰	水资源丰富，化石能源储量不大，天然气用于发电，煤出口，进口石油	无	—	—
13	巴布亚新几内亚	油、气资源较丰富，88%天然气出口	无	—	—
14	秘鲁	石油资源较少，天然气产量大，出口量也大	无	—	—
15	菲律宾	煤、石油大量进口，天然气自产自用	超超临界燃煤发电技术、CFB 燃烧技术、超低排放技术	大中型	大
16	俄罗斯	煤、油、气资源极其丰富，油、气大量出口	超超临界燃煤发电技术、CFB 燃烧技术、超低排放技术	大中型	中、小
17	新加坡	国内资源非常有限，所需能源供应几乎完全依赖进口	无	—	—
18	中国台北	能源资源匮乏，98%左右的能源需求全部依赖进口	超超临界燃煤发电技术、超低排放技术	大中型	大、中
19	泰国	资源有限，大部分靠进口	超超临界燃煤发电技术、CFB 燃烧技术、超低排放技术	大中型	大
20	美国	煤、天然气储量丰富，自给自足，石油需进口	超超临界燃煤发电技术、CFB 燃烧技术、超低排放技术	大中型	中、小
21	越南	油、气消费为主，化石能源均需进口	超超临界燃煤发电技术、CFB 燃烧技术、超低排放技术	大中型	大

* 单机容量：大：300MW 以上；中：100～300MW；小：100MW 以下。

** 总容量：大：5000MW 以上；中：1000～5000MW；小：1000MW 以下。

总体来讲，APEC 地区 13 个经济体的能源供应结构中煤炭占比较大，包括澳大利亚、中国、中国香港、印尼、日本、韩国、马来西亚、菲律宾、俄罗斯、中国台北、泰国、美国和越南，燃煤发电对于保证电力稳定安全供应起重要作用。其中，对于印度尼西亚、马来西亚、菲律宾、泰国、越南等经济体，未来电力新增需求将主要依靠煤电来满足。随着未来环保压力的日益严峻，煤炭消费占比较高的经济体其燃煤发电项目有向更高效、更低排放的清洁高效煤电方向发展的需求。

在上述 13 个能源结构中煤炭占比较高的经济体中，多数经济体煤炭资源依赖当地自产（日本、韩国、菲律宾、马来西亚煤炭依靠进口），煤炭价格相较天然气价格更为稳定，特别是近年随着国际市场天然气价格的高企，气电成本较煤电更高。水电和生物质发电的发展主要受制于区域资源禀赋，高效燃煤发电可以为满足对电能的需要做出贡献。

6.3　中国能源供应技术经验在 APEC 地区推广的建议

在能源安全气候变化和环境保护的背景下，能源转型的总趋势由技术变革和可再生能源成本的下降所驱动，得益于积极有效的能源政策、强大的部署和正确合理的技术选择。中国自 2010 年来取得的显著进步，促进和带动了全球可再生能源消费的迅速增长。2015 年，中国对全球可再生能源消费的贡献率达到 30%。其中，全球太阳能消费的 50%来自中国，其次是美国和德国，分别为 10%和 7%。展望未来，在可预期的未来，中国将继续作为全球可再生能源利用的引擎，预计可再生能源在全球的份额将从 2015 年的 15%增加到 2030 年的 20%。中国经济持续转向以服务和消费为主导的增长。中国既是清洁能源投资规模最大的市场，也是清洁能源装备制造能力最强的国家，中国在全球清洁能源转型过程中将发挥重要作用。如前所述，在正确和适时的能源政策引导下，中国在清洁和可再生能源领域已经积累了丰富的技术开发和应用经验。中国第一个提出多能互补的理念，系统地组织开展相关研究并积极推动技术的应用。多能互补系统的应用会有效助力并加速可再生能源消费的规模化。在仍然依赖煤炭作为主要一次能源的能源系统，高效燃煤发电技术的应用为减排和环境保护以及为用户提供低价可靠的电力提供了有效支持。

在 APEC 地区，中国与 APEC 经济体共同开展清洁能源建设，有助于实现优势互补，促进清洁能源发展和有效的能源转型，从而达到推动区域经济一体化进程。根据各经济体资源禀赋和能源体系的不同而开展互利合作，成为许多经济体间的共同利益诉求点。中国的能源政策的制定和实施，有关技术开发和应用的经验可以为 APEC 其他经济体的能源技术选择和能源转型提供有效的借鉴和帮助。

对于 APEC 地区其他经济体而言，中国的能源发展经验对于能源禀赋条件与中国类似的经济体，可以借鉴中国的能源发展路径和能源政策，在满足经济体自身经济社会发展带来的能源需求增长的同时，可优化能源结构，降低能源消费过程中的污染物排放；还可以借鉴中国成熟的清洁燃煤发电技术、水电、风电和太阳能等可再生能源技术，以较低的成本完成对本经济体的能源体系升级改造。下面总结了在 APEC 地区推广中国多能互补技术和清洁高效燃煤发电技术应用经验有关的建议。

6.3.1 APEC 地区多能互补技术推广建议

（1）统一多能互补的概念。虽然能源系统本身就是一个利用多种一次能源满足终端能源要求的过程。中国是第一个在项目层面上系统提出“多能互补”的理念。目前在国际上还没有统一的“多能互补”的认识和定义。有关理论技术的规范化和标准化是发展和推广相关技术的重要前提之一，这包括多能互补范围的界定、实施方式和方法、相关的技术标准。统一技术标准即统一多能互补方式方法与技术路径，会使得各个经济体内技术输入与输出畅通。

（2）以中国成果经验为基础开展能力建设活动。为深入推进中国能源多能互补和清洁燃煤发电项目的技术输出合作，政府部门和企业可以以中国的成功项目经验为基础，在国内建立多能互补项目的优秀示范区。通过与相关经济体积极合作，共同在 APEC 区域开展一系列相关的经验介绍与技术培训，分享能源发展的政策与技术应用等经验，推进相关领域的核心人才交流，建立合作共赢的经验交流体系。能力建设过程中应注重政策和技术两方面，政策方面包括规划政策和支持政策等，技术方面包括 APEC 经济体的资源潜力、商业模式、风险控制、环境社会等。

（3）制订多能互补技术推广路线图。多能互补的潜在技术结果契合 2014 年 APEC 领导人及部长会议上提出的“2030 年可再生能源比 2010 年翻一番”的 APEC 目标，这是中国相关优势装备、技术和企业走出去的机遇。合理规划制订多能互补技术推广路线图对于在 APEC 区域开展多能互补项目推广和指导意义重大。APEC 的特点之一是经济体的多样性，经济体处在不同的经济发展阶段，社会政治体系各异，能源资源禀赋不同，基础设施条件也不一样，需要对有关经济体进行具体详尽的分析以得到适合该经济体的技术路线。另外推广路线可以结合国家“一带一路”及其他相关的区域发展和合作战略、在 APEC 经济体内形成适用于 APEC 区域清晰、协调的多能互补发展战略，识别优先合作与潜在合作经济体以及技术领域，明确多能互补关键技术与推广日程，探索可行的、互利共赢的多能互补项目开发模式。

（4）探讨多能互补开发商业模式。有效的项目开发、管理和运行是能源转型实现的关键。在开展多能互补对外技术输出合作的过程中可以融合创新的绿色金融新政策、新工具和新产品，探索出一条可行的、互利共赢的 APEC 多能互补创新商业模式。依据有关经济体市场情况，促进多能互补相关产业在 APEC 经济体内的发展，因地制宜地结合 APEC 区域相关绿色融资倡议，拓宽开展合作的融资渠道，探索区域内多能互补开发的路径和手段。同时发挥绿色融资的创新优势并以多种方式参与到风险可控、商业可持续的 APEC 多能互补项目中来。最终探讨总结出 APEC 区域适合经济体的项目开发投资建设、运营服务和项目管理模式和方法。

（5）合理应对能源项目开发过程中的风险因素。多能互补开发过程中做好项目的风险评估与应对策略分析非常重要。与其他能源项目一样，多能互补项目在开发过程中可能面临的风险主要政策风险、投资风险和技术风险。政策风险是经济体政府的法律、法规、规章及政策的变化，紧急措施的出台，相关监管部门监管措施的实施；投资风险主要包括财税金融融资风险、产权风险、外汇使用风险和能源市场业务风险；技术风险主要指有关技术的不完善或者不完全适用带来的设计、建设阶段的风险。APEC 区域涉及国家较多，社会经济水平、资源条件、发展理念差异，在发展多能互补过程中应充分考虑政策、投资环境、技术等各方面的风险因素，在建设过程中应充分调研、咨询、论证，制订合理的风险应对预案并滚动更新，保证在各类情况下都能紧急响应。

6.3.2 APEC 地区推广清洁高效燃煤发电技术的重要意义

（1）满足 APEC 地区日益增长的能源需求。根据 IEA 预测，未来 20 年全球能源需求仍将保持稳定增长。从预测的结果来看，煤炭在未来一次能源需求中仍将扮演重要的角色。对 APEC 地区而言，从目前能源供应结构看，煤炭仍然是重要的一次能源，所占比重超过 1/3，2011 年后 APEC 地区煤炭供应量总体呈下降趋势，但总体的煤炭消费需求体量仍然庞大，煤炭资源开发和利用的成本相对低廉、可靠，在确保燃煤发电清洁高效的前提下，推动燃煤发电技术应用，也是满足地区能源增长需求的重要手段。

（2）符合 APEC 地区能源清洁化的发展方向。APEC 地区 13 个经济体的能源供应结构中煤炭占比较大，包括澳大利亚、中国、中国香港、印度尼西亚、日本、韩国、马来西亚、菲律宾、俄罗斯、中国台北、泰国、美国和越南，燃煤发电对于保证电力稳定安全供应起重要作用。其中，对于印度尼西亚、马来西亚、菲律宾、泰国、越南等经济体，未来电力新增需求将主要依靠煤电来满足。随着未来环保压力的日益严峻，煤炭消费占比较高的经济体其燃煤发电项目有向更高效、更低排放的清洁高效煤电方向发展的需求。

（3）APEC 地区发展清洁高效煤电的技术经济性更具优势。在上述 13 个经济体中，煤炭占比较高的经济体，多数煤炭资源依赖当地自产（日本、韩国、菲律宾、马来西亚煤炭依靠进口），煤炭价格相较天然气价格更为稳定，特别是近年随着国际市场天然气价格的高企，气电成本较煤电更高。水电和生物质发电的发展主要受制于区域资源禀赋。近年来，可再生能源发电技术快速发展，设备造价和发电成本显著降低，然而相比于燃煤发电，其发电成本仍然较高。除美国因国内能生产大量廉价页岩气等原因气电成本比煤电成本低以外，APEC 地区多数经济体的气电成本远远高于煤电。燃煤发电成本相对低廉，是 APEC 地区发展中经济体的主要选择。

6.3.3 APEC 地区清洁高效燃煤发电技术的推广建议

越南、印度尼西亚、马来西亚、泰国、菲律宾等发展中经济体经济发展处于上升期，电力需求增长迅猛，对低成本发电技术需求强烈。相比于美国和日本，中国的清洁燃煤发电技术具有成本优势，因此可以在上述几个经济体推广超超临界燃煤发电技术；并在越南、印度尼西亚和泰国等产煤经济体推广 CFB 燃烧技术。鉴于各经济体对发电成本的敏感性以及环保的关注度，可在满足各经济体环保要求下适当调整脱硫脱硝等流程以保证经济性，并做好超低排放改造的技术设计并预留改造空间。

在俄罗斯、墨西哥和智利可推广小容量清洁燃煤发电技术以及超低排放技术；在文莱、秘鲁、巴布亚新几内亚等经济体暂缓推广清洁燃煤发电技术；对美国、俄罗斯、澳大利亚等经济体，考虑经济体自身的煤炭资源赋存条件和现有煤电机组规模，建议考虑对现有的高耗能、高排放煤电机组进行技术改造，提高煤电机组的运行效率和环保控制水平。

参 考 文 献

［1］ Renewable energy statistics. EUROSTAT，2019［EB/OL］. https://ec.europa.eu/eurostat/statistics-explained/index.php/renewable_energy_statistics.

［2］ World energy council-energy transition toolkit user guide［EB/OL］. https://www. worldenergy.org/publications/2019/energy-transition-toolkit-user-guide.

［3］ Renewables 2018：market analysis and forecast from 2018 to 2023. IEA［EB/OL］. https://webstore.iea.org/market－report－series－renewables－2018.

［4］ 改革开放 40 年来我国能源生产和消费总量跃居世界首位［N/OL］. 经济日报，2018－11－7. http://paper.ce.cn/jjrb/html/2018－11/07/content_376356.htm.

［5］《新时代的中国能源发展》白皮书［R/OL］.［2020－12－21］. http://www.xinhuanet.com/politics/2020－12/21/c_1126887608.htm.

［6］ 张建平，沈博. 改革开放 40 年中国经济发展成就及其对世界的影响［J］. 当代世界，2018，438（5）：15－18.

［7］ 改革开放四十年能源发展报告：能源消费更绿了［N］. 人民日报海外版，2018－10－11.http://www.nea.gov.cn/2018－10/11/c_137525663.htm.

［8］ 改革开放铸就电力发展辉煌成就［N］. 中国电力新闻网，2019－05－09.http://www.cpnn.com.cn/zdzgtt/201907/t20190725_1145043.html.

［9］ 中国电力企业联合会. 2017 年电力统计基本数据一览表［EB/OL］. http://www.cec.org.cn/guihuayutongji/tongjxinxi/niandushuju/2018－12－19/187486.html.

［10］ 中国电力企业联合会. 中国电力行业年度发展报告 2013［M］. 北京：中国市场出版社，2013.

［11］ 电力规划设计总院. 中国电力发展报告 2017［M］. 北京：中国电力出版社，2018.

［12］ 中国电力企业联合会. 中国电力行业年度发展报告 2018［M］. 北京：中国市场出版社，2018.

［13］ 中国电力企业联合会. 中国电力行业年度发展报告 2020［M］. 北京：中国建材出版社，2020.

［14］ 中国光伏行业协会，中国电子信息产业发展研究院．中国光伏产业发展路线图（2018 年版）［R］．［2019－1－17］．

［15］ 中国光伏行业协会，赛迪智库集成电路研究所．中国光伏产业发展路线图（2019 年版）［R］．［2020－2－27］．

［16］ 国家能源局．2017 年度全国可再生能源电力发展监测评价报告［EB/OL］．［2018－05－11］．http://zfxxgk.nea.gov.cn/auto87/201805/t20180522_3179.htm.

［17］ 水电水利规划设计总院．中国可再生能源发展报告 2017［M］．北京：中国电力出版社，2018.

［18］ 水电水利规划设计总院．中国可再生能源发展报告 2019［M］．北京：中国电力出版社，2020.

［19］ 中国水电技术发展成就［EB/OL］．［2018－06－19］．http://news.bjx.com.cn/html/20180619/906702.shtml.

［20］ 中国气象局风能太阳能资源中心．2018 年中国风能太阳能资源年景公报［R］．http://news.bjx.com.cn/html/20190121/957827.shtml.

［21］ 国家能源局．前三季度全国已淘汰关停落后煤电机组约 240 万千瓦［EB/OL］．［2017－10－31］/http://www.nea.gov.cn/2017－10/31/c_136717010.htm.

［22］ 齐正平，林卫斌．改革开放 40 年，我国电力发展十大成就［J］．电器工业，2018，215（10）：15－22.

［23］ 中国能源研究会．改革开放 40 年能源改革发展回顾与思考［EB/OL］．［2018－10－26］．https://www.cers.org.cn/news_show.aspx？id=7361.

［24］ 中国太阳能热利用行业运行状况报告［R］．清洁能源观察，［2019－03－14］．http://www.cnste.org/html/zixun/2019/0314/4629.html.

［25］ 国家电网有限责任公司．促进新能源发展白皮书 2018［R］．［2018－04］．http://www.tanpaifang.com/xinnengyuan/2018/0408/61717.html.

［26］ 中华新能源商会．中国清洁能源行业年度发展报告（2017－2018）［R］．［2018－06］．

［27］ 中国分布式电源发展现状［EB/OL］．［2018－06－15］．http://www.cessn.com.cn/news/show－32987.html.

［28］ 浅析分布式能源发展现状及前景［EB/OL］．［2018－05－04］．http://news.bjx.com.cn/html/20180504/895760.shtml.

［29］ 蒋莉萍等. 中国分布式电源与微电网发展前景及实现路径［M］. 北京：中国电力出版社，2017.

［30］ 我国微电网技术走向“岛礁应用”“十三五”后期将呈爆发式增长［EB/OL］.［2019-07-24］. http://www.xinhuanet.com/fortune/2019-07/24/c_1124790344.htm.

［31］ 岛屿微电网案例——浙江东福山岛微电网项目介绍［EB/OL］. http://shupeidian.bjx.com.cn/html/20141119/565571.shtml.

［32］ 张希建，张建中，陶如钧，等. 东福山岛海水淡化与新能源微电网系统工程［C］. 青岛：2014 青岛国际脱盐大会，2014.

［33］ About APEC［EB/OL］. https://www.apec.org/About-Us/About-APEC/Member-Economies.

［34］ 习近平在亚太经济合作组织第二十六次领导人非正式会议上的讲话［EB/OL］. http://www.xinhuanet.com/world/2018-11/18/c_1123730304.htm.

［35］ APEC at a glance 2019［EB/OL］. https://www.apec.org/Publications/2019/02/APEC-at-a-Glance-2019.

［36］ APEC energy database（2019）APEC energy working group EGEDA[EB/OL].https://www.egeda.ewg.apec.org.

［37］ Key world energy statistics（2019）［EB/OL］. IEA.https://www.iea.org/statistics/kwes/supply.

［38］ 2014 APEC leader's declaration［EB/OL］. https://www.apec.org/Meeting-Papers/Leaders-Declarations/2014/2014_aelm.aspx.

［39］ 2015 APEC leader's declaration［EB/OL］. https://www.apec.org/Meeting-Papers/Leaders-Declarations/2015/2015_aelm.aspx.

［40］ 2016 APEC leader's declaration［EB/OL］. https://www.apec.org/Meeting-Papers/Leaders-Declarations/2016/201_aelm.aspx.

［41］ Renewable capacity statistics 2018［R］. IRENA. 2018.

［42］ APEC energy demand and supply outlook 7th edition［R］. APERC. 2019.

［43］ Tracking SDG7：the energy progress report（2018）［R］. IEA，IRENA，UNSD，The WorlD Bank，WHO.

［44］ How China is leading the renewable energy revolution［EB/OL］. World econonmioc forum. https://www.weforum.org/agenda/2017/08/how-china-is-leading-the-renewable-energy-revolution.

［45］ 姚强. 洁净煤技术［M］. 北京：化学工业出版社，2005.

［46］俞珠峰. 洁净煤技术发展及应用［M］. 北京：化学工业出版社，2004.

［47］MELIKOGLU M.Clean coal technologies：A global to local review for turkey-science direct［J］. Energy Strategy Reviews，2018，22：313－319.

［48］黄其励等. 先进燃煤发电技术［M］. 北京：科学出版社，2014.

［49］World energy outlook 2018［R］. IEA，2019.

［50］郭娟，李维明，么晓颖. 世界煤炭资源供需分析［J］. 中国煤炭，2015，41（12）：124－129.

［51］Coal information overview 2018［R］. IEA，2018.

［52］Electricity information overview 2018［R］. IEA，2018.

［53］臧宁宁. 重新审视煤电在我国电力系统中的地位和作用［J］. 中国能源，2018，40（06）：30－34.

［54］IEA southeast Asia energy outlook［R］. IEA，2017.

［55］夏芳. 我国超超临界火电机组研发关键问题的研究［D］. 哈尔滨：哈尔滨工程大学，2007.

［56］熊扬恒，谢诞梅，李晓磊，等. 600MW 及以上等级超超临界机组运行实绩评估分析［J］. 热力发电，2011，40（04）：1－4+8.

［57］毛健雄. 燃煤耦合生物质发电［J］. 分布式能源，2017，2（05）：47－54.

［58］周星龙. 大型循环流化床锅炉的发展现状与研究进展［C］. 成都：2013 年中国电机工程学会年会论文集，2013.

［59］岳光溪. 循环流化床技术发展与应用（上）［J］. 节能与环保，2003（12）：3－4.

［60］张彦军. 600MW 超临界循环流化床锅炉设计关键技术研究［D］. 杭州：浙江大学，2009.

［61］辛胜伟，韩平，聂立，等. 超超临界循环流化床锅炉炉型及关键技术研究［J］. 电站系统工程，2017，33（04）：1－4+8.

［62］蘖润夏，吕俊复，凌文，等. 超（超）临界循环流化床锅炉技术的发展［J/OL］ 中国电力：［2019－03－21］. http://kns.cnki.net/kcms/detail/11.3265.TM.20161109.1434.006.html.

［63］焦树建. IGCC 技术发展的回顾与展望［J］. 电力建设，2009，30（01）：1－7.

［64］李振. IGCC 热力性能的发展潜力分析［D］. 北京：中国科学院研究生院（工程热物理研究所），2013.

［65］孙浩，宋振龙. 整体煤气化联合循环（IGCC）发电技术研究及应用［J］. 电力技术，2010，19（19）：39－43.

［66］廖春晖. 燃煤热电联产区域供热系统热源优化配置研究［D］. 哈尔滨：哈尔滨工业大学，2014.

[67] 杨永明. 全球热电联产发展现状分析 [J]. 电力决策与舆情参考，2018.

[68] 李维. 热电联产系统的能量分析及优化改造 [D]. 上海：华东理工大学，2015.

[69] 徐二树，宋之平，李恕康. 热电联产的发展 [J]. 电力情报，2001（03）：8－10＋18.

[70] 云雅如，王淑兰，胡君，等. 中国与欧美大气污染控制特点比较分析 [J]. 环境与可持续发展，2012，37（04）：32－36.

[71] 盛青，武雪芳，李晓倩，等. 中美欧燃煤电厂大气污染物排放标准的比较 [J]. 环境工程技术学报，2011，1（06）：512－516.

[72] 龙辉，黄飞，黄晶晶. 欧洲、日本燃煤火电机组大气污染物控制标准及技术路线选择[J]. 电力科技与环保，2018，34（01）：9－13.

[73] 张建宇，王昊. 美国燃煤电厂环保发展历程[J]. 电力科技与环保，2018，34（01）：18－22.

[74] Coal-fired characteristics and controls：2018 [EB/OL]. EPA.https://www.epa.gov/airmarkets/coal-fired-power-plant-data.

[75] 20 Years of Carbon Capture and Storage [R]. IEA，2016.

[76] 2017 年全球碳捕集与封存现状报告 [R]. 全球碳捕集与封存研究院（GCCSI），2017.

[77] 张连辉，赵凌云. 1953－2003 年间中国环境保护政策的历史演变 [J]. 中国经济史研究，2007（04）：63－72.

[78] 杨昆. 2018 年电力发展形势分析与展望 [J]. 中国电力企业管理，2018（10）：10－13.

[79] 张树伟，陈晓娟. "上大压小" 政策的综合评估 [J]. 能源，2014（09）：64－66.

[80] 王志轩. 四十年煤电脱胎换骨与新历史使命 [J]. 新能源经贸观察，2018（09）：18－22.

[81] 国家能源局，中国电力企业联合会. 2017 年全国电力可靠性年度报告 [R]. [2018－05].

[82] 国家能源局，中国电力企业联合会. 2019 年全国电力可靠性年度报告 [R]. [2020－06].

[83] 中国电力企业联合会. 中国煤电清洁发展报告 [R]. [2017－09].

[84] 王志轩. 中国电力行业节能现状及展望 [J]. 中国能源，2017，39（5）：13－17＋20.

[85] 王轶辰. 我国建成全球最大清洁煤电供应体系 [N]. 经济日报，2019－2－13（7）.

[86] 于学华. 煤炭在发电领域实现大规模清洁利用 [EB/OL]. 中国电力新闻网，http://www.cpnn. com.cn/nengyuan/meitan/2018.12.

[87] 中国电力企业联合会. 2017 年中国电力发展情况综述 [EB/OL]. http://www. chinapower.com.cn/informationzxbg/20180615/113553_2.html 2018.06.

[88] 中华人民共和国国家统计局. 中国统计摘要－2018 [M]. 北京：中国统计出版社，2018.

[89] YUE G，LI Y，LU X，et al. The first pilot compact Cfb boiler with water cooled separator in China [C]. Proceedings of the 14th International Conference on Fluidized Bed Combustion，Vancouwer，1997：497－506.

[90] 岳光溪，吕俊复，徐鹏，等.CFB燃烧发展现状及前景分析 [J]. 中国电力，2016，49（01）：1－13.

[91] GUO Q，ZHENG X S，ZHOU Q，et al.Operation experience and performance of the first 300MW CFB boiler developed by DBC in China [C]. Proceedings of the 20th International Conference on Fluidized Bed Combustion，Springer Berlin Heidelberg，2009：237－242.

[92] LI Y，NIE L，HU X K，et al.Structure and performance of a 600MW supercritical CFB boiler with water cooled panels [C]. Proceedings of the 20th International Conference on Fluidized Bed Combustion，Springer Berlin Heidelberg，2009：132－136.

[93] ZHU Q.Developments in circulating fluidized bed combustion [R]. copyright © IEA Clean Coal Centre.CCC/219 ISBN 978－92－9029－539－6.

[94] The world's first 600 MW circulating fluidized bed plant（Baima，China）[EB/OL]. http://www.iea.org/tcp/fossilfuels/fbc/.

[95] 宋畅，吕俊复，杨海瑞，等. 超临界及超超临界循环流化床锅炉技术研究与应用 [J]. 中国电机工程学报，2018，38（02）：338－347.

[96] YANG H R，ZhANG H，LU J F，et al.Novel CFB boiler technology with reconstruction of its fluidization state [C]. Proceedings of The 20th International Conference on Fluidized Bed Combustion，Springer Berlin Heidelberg，2009：195－199.

[97] YANG H，YUE G，ZHANG H，et al. Updated design and operation experience of CFB boilers with energy saving process in China [J]. VGB Powertech，2011，91（07）.

[98] 杨石，杨海瑞，吕俊复，等. 新一代节能型CFB锅炉燃烧技术 [J]. 动力工程，2009，（08）：728－732.

[99] LI J，YANG H，WU Y，et al. Effects of the updated national emission regulation in China on circulating fluidized bed boilers and the solutions to meet them [J]. Environmental Science & Technology，2013，47（12）：6681－6687.

[100] 宋之平，王加璇. 节能原理 [M]. 北京：水电出版社，1985.

[101] GHORBANI，NASER.Combined heat and power economic dispatch using exchange market

algorithm[J]. International Journal of Electrical Power & Energy Systems，2016，82：58－66.

［102］ 杨旭中，晓克慧. 热电联产规划设计手册［M］. 北京：中国电力出版社，2009.

［103］ 中国科学技术协会. 2014－2015 动力与电气工程学科发展报告［M］. 北京：中国科学技术出版社，2016.

［104］ 戈志华，杨佳霖，何坚忍，等. 大型凝汽轮机供热改造节能研究［J］. 中国电机工程学报，2012，32（17）：25－30.

［105］ 戈志华，孙诗梦，万燕，等. 大型汽轮机组高背压供热改造适用性分析［J］. 中国电机工程学报，2017（11）：162－168＋323.

［106］ 杨荣祖，宋文希，孙启德，等. 一种基于给水泵汽轮机排汽的低压缸长叶片冷却系统：201710385756.6［P］. 2017－07－28.

［107］ 叶向东，赵贺，罗发青，等. 一种切除低压缸进汽的供热系统及方法：201710386956.3［P］. 2017－08－04.

［108］ G Z H，Z F X，S S M，et al. Energy analysis of cascade heating with high back-pressure large-scale steam turbine［J］. Energies，2018，11（01）：119－132.